善说

廖晨◎著

SHANSHUO

新华出版社

图书在版编目（CIP）数据

善说 / 廖晨著. ——北京：新华出版社，2017.8
ISBN 978-7-5166-3455-4

Ⅰ.①善…　Ⅱ.①廖…　Ⅲ.①人际关系－口才学－通俗读物
Ⅳ.①C912.11-49

中国版本图书馆CIP数据核字（2017）第214432号

善说
作　　者：廖　晨

选题策划：王　宇　刘燕玲　　　　**责任印制：**廖成华
责任编辑：郑建玲　　　　　　　　**封面设计：**臻美书装

出版发行：新华出版社
地　　址：北京石景山区京原路8号　　**邮　　编：**100040
网　　址：http://www.xinhuapub.com
经　　销：新华书店、新华出版社天猫旗舰店、京东旗舰店及各大网店
购书热线：010－63077122　　**中国新闻书店购书热线：**010－63072012
照　　排：臻美书装
印　　刷：北京凯达印务有限公司
成品尺寸：145mm×210mm　1/32
印　　张：7.125　　　　　　　**字　　数：**150千字
版　　次：2017年10月第一版　　**印　　次：**2017年10月第一次印刷
书　　号：ISBN　978-7-5166-3455-4
定　　价：32.00元

版权专有，侵权必究。如有质量问题，请与出版社联系调换：010-63077101

致　谢

　　其实，这本书起源于我的博士论文，如何将鬼谷子晦涩难懂的理论知识运用到我们的生活实践中，是我一直思考的问题。然而，即便是相同的主题，写一本书和写一篇论文是完全不同的。由于读者的不同，需要考虑的问题也会截然不同。因此，在很多方面我都绞尽脑汁。杜甫曾言："文章千古事，得失寸心知。"在写作中，我深感力不从心，应该说没有他们的帮助，本书不可能付梓，现一并致谢。

　　首先，我要特别感谢生活帮科技有限公司联合创始人王宇先生。本书从选题到完成，每一步都离不开王先生的悉心指导，大到文章架构，小到语词拿捏，都倾注了王先生的大量心血。在一开始的写作中，我往往在不经意间，使用了大量的专业词汇，致使内容晦涩难懂，而在王先生的悉心教导下，文字由学术化转向口语化，例子从晦涩拗口的文言文，变成了通俗易懂的小故事，为全书增色不少。在此，我谨向王宇先生表示崇高的敬意和衷心的感谢！

　　其次，我要感谢资深编辑刘燕玲女士。书籍写作不同于论文写作，毕竟论文是给专家看的，书籍是给大家读的。在刘老师的悉心指导下，本书在体例上发生了质的变化，由之前的大段说理，变为现在的理论与实践相结合，更加符合大众审美。为此，我要向您道一声：刘燕玲老师，谢谢您！

再次，我要感谢资深编辑郑建玲女士。古人云：文以载道。无论是现代文，还是文言文，二者均可作为传播道理的载体，但是侧重各有不同——现代文通俗易懂，文言文言简意深。在行文中如何平衡二者之间的关系，一直是困扰我的难题。郑老师很好地平衡了这一点，在郑老师的精心指导下，大到书籍名称，小到章节标题，无不体现出古今结合。为此，我想对您说：郑建玲老师，您辛苦了！

最后，我要感谢我的母亲崔捷女士，是您含辛茹苦地将我抚养成人，能做您的儿子，是我今生最大的幸福。写作的顺利完成，离不开您的支持与帮助。在未来的日子里，我会更加努力地学习和工作，决不辜负您对我的殷切期望！

前 言

公元前 200 年，汉高祖刘邦被匈奴四十万精锐，重重包围在白登山，这一围就是七天七夜。面对断水断粮，随时都会有城破身死的可能，摆在刘邦面前的，似乎只有两条路：要么等死，要么战死。刘邦被逼无奈，决定率众突围，战死沙场。就在这紧要关头，谋士陈平站了出来，仅用一套说辞，就能说服匈奴退兵，致使刘邦得以脱险。

正如古人所说："一人之辩，重于九鼎之宝；三寸之舌，强于百万之师。"即便到了现代，也是如此。在上世纪 40 年代，美国人将"口才、金钱、原子弹"列为在世界上生存和发展的三大法宝。到了 60 年代，又是将"口才、金钱、计算机"看成是最具力量的三大武器。在 21 世纪，"口才、金钱、信息"成为立足社会，取得成功的三大利器……显然，无论社会如何演变，口才的地位是永远不会动摇的。

纵观成功人士，无论是政界领袖毛泽东、列宁，还是商界精英乔布斯、马云，古今中外，但凡深具影响力的成功人士大都是深谙说话艺术的大师！因此，说话技能已经成为了通往成功的必备技能！

而对于说话技巧的领悟，中国也是走在世界前列的。早在战国时代，古人就已经把说话的艺术发挥到了极致。苏秦凭借能说会道，当上六国宰相（相当于现在的国务院总理）；张仪依靠能言善辩，成为秦国宰相。而这两位牛人，都是诸子百家中纵横家一派的代表人物。

有别于儒、墨、道、法等其他学派，纵横家的特点在于擅长游说，精于谋略，其游说实践大多记录于《战国策》一书。据《汉书·艺文志》记载，当时纵横家的理论专著就有十余部，但是随着历史变迁，这些书大都散轶，目前我们能见到的仅有《鬼谷子》一书。

纵观《鬼谷子》，此书可谓是集说话、谋略艺术之大成，《四库全书》更是将其称为"纵横家之祖"！而关于此书作者是谁的问题，学界尚有争议。依《隋书·经籍志》所载，《鬼谷子》的作者应是鬼谷子，其文称："《鬼谷子》三卷，皇甫谧注。鬼谷子，周世隐于鬼谷"；而据《旧唐书·经籍志》所录，《鬼谷子》应为苏秦所作，原文讲："《鬼谷子》二卷，苏秦撰。"所以《四库全书总目》称："旧本题鬼谷子撰，《唐志》则以为苏秦撰，莫能详也。"依照《史记》中的相关记载，苏秦、张仪均师从于鬼谷子。因此，在这个意义上，无论《鬼谷子》的作者是鬼谷子，还是苏秦，我们都可以将其视为纵横家的理论著作。

本书在解读纵横家著作的基础上，将纵横家的说话技巧以通俗易懂的方式展现给大家，结合当今职场、生活中的复杂性与多样性，帮助读者轻松掌握说服技能，提高演讲能力，让您在错综复杂的人际交往中应付自如，游刃有余。

谨以此书，献给那些不会说话、不懂说话、害怕说话的人。

愿诸位早日学成，纵横天下！

目　录
CONTENTS

第一章
立形：树立良好的沟通形象
——成为沟通达人的必备要素

　　《鬼谷子》说："己审先定以牧人，策而无形容。"大意是说，自己先要塑造良好的形象，再去说服别人，策略就会巧妙而不见痕迹。虽说鬼谷先生讲得神乎其神，但是不可否认，在人际交往中，形象确实影响着沟通的进行。形象不好，说得再好也没用。因此，在当今竞争激烈的社会中，为促进人际关系的和谐发展，塑造良好的沟通形象，是我们每个人的必修课。

关系融洽，一句顶一万句

《鬼谷子》说："君臣上下之事，有远而亲，近而疏；就之不用，去之反求；日进前而不御，遥闻声而相思。"意思是说，君臣之间、上级与下级之间的关系，有的距离很远却很亲密；有的距离很近却很疏远；有的在身边却不受重用；有的离去以后还受聘请。如果将其套用在现代职场，同样也是适用的。

战国时期，赵襄王听信了奸臣郭开的谗言，解除了廉颇的军职，派乐乘代替廉颇。廉颇因受排挤而大发雷霆，带兵攻打乐乘，乐乘逃走。迫于叛军身份，廉颇只能投奔魏国。然而，魏王只是收留了他，却并不信任和重用他。而赵国因为多次被秦军打败，赵王想再任用廉颇，廉颇也想再被赵国任用。于是，赵王派遣使者唐玖（jiǔ）带着一副名贵的盔甲和四匹快马到魏国去慰问廉颇，看廉颇还是否可用（廉颇当时年事已高）。廉颇的仇人郭开却担心廉颇再次得势，打击报复自己，于是暗中给了唐玖很多金钱，让他说廉颇的坏话。廉颇见到唐玖以后，为了表示自己老当益壮，在唐玖面前一顿饭吃了一斗米，十斤肉，还披甲上马，表示自己身体健朗，还可用。但唐玖回来却向赵王报告说："廉将军虽然老了，但饭量还很好，一顿饭吃了一斗米，十斤肉，吃完没过一会，就跑了三趟厕所。"赵王以为廉颇老了，就没任用他，廉颇也就没再得到为国报效的机会。

这个例子一方面体现出鬼谷子所言的"日进前而不御，遥闻声而相思。"同时也体现出人际关系的重要性。正是因为廉颇与郭开结仇，最终葬送了廉颇的前程。由此看来，使者的一句话，顶廉颇的一万句。

那么，怎样才能塑造良好形象，促进人际关系的和谐发展呢？鬼谷子开出了良方："或结以道德，或结以党友，或结以财货，或结以采色。"意思是说，凭借道德、党友、财物、采色这四种方式均可以帮助我们建立良好形象，拉近人与人之间的关系。需要注意的是，"道德"不仅仅指德行高尚，也可引申为能力出众，社会地位高，名气大等等。比如对方是极具权威的老教授，还没见面，我们就已经开始尊敬他了。"党友"其实就是人脉。"财货"则不用多说，指钱财和货物。至于"采色"，则可引申为娱乐方式，比如打高尔夫、聚餐、品茗等等。

当然，使用这四种途径是有一定要求的。使用"道德"途径就需要我们要么有一定的名声，要么能力出众，比如刘备就算再落魄，到哪儿都备受尊敬，原因在于他有仁德之名、又是皇叔，名声在外，不尊敬不行。而使用"党友"途径，则必须有一定的人脉资源，比如需要认识 A 的时候，即便不认识他，可以通过我们认识的 B、C、D 来认识 A，以此极大程度减少社交成本，毕竟引荐和毛遂自荐，还是有本质区别的。使用"财货"、"采色"途径，则需要具备一定的资金作为支撑，比如说宋江，平时就仗义疏财，扶危济困，后来落魄的时候，到哪儿都有人帮，就算被山贼抓了，一听他是宋江，立刻好生伺候。

需要注意的是，这四种方法并不一定都要使用，使用其中一种往往就能达到我们的目的。运用这四种方法最大的特点就是简单暴力，可以迅速拉近人与人之间的距离，建立良好的形象，进而促进沟通和交流。至于具体如何应用，大家都懂，这里就不再赘述。

然而，仅仅用这四种方法，就足够了吗？

东汉末年，坊间传言：卧龙凤雏，二人得一，可安天下。"卧龙"指诸葛亮，"凤雏"则是庞统。庞统之才，可谓名声在外。然而，庞统在一开始找工作的时候，却碰壁了。到底是怎么一回事呢？

原来当时是孙权亲自面试庞统，乍一见，惊呆了！此人朝天鼻，脸太黑，颜值太低了，身为外貌协会的会长，孙权当然很不高兴了。不过，庞统有大才，孙权是知道的，姑且看看再说。

孙权问庞统："请问先生平时学的是什么？"在当时，无非是儒学、法学、兵学等等。可是庞统却说："何必一定要拘泥是什么派别的学说呢？我庞统是无门无派，随意应变而已。"

庞统的这句话，很明显有轻视孙权的意思。孙权听后就更加不开心了，继续问庞统："你的学问跟周瑜比呢？"庞统听了，笑着说："我所学的，与周瑜大不相同。"在一向崇敬周瑜的孙权看来，庞统的笑就无异于嘲讽，相当于说周瑜算什么呢，怎么能和我相比？孙权告诉庞统："你先下去吧，等以后再说吧。"于是，庞统知道自己没戏了，长叹一声出门了。

鲁肃知道孙权不准备录用庞统，就进去询问原因，孙权告诉他："此人太张狂，用他有什么好处呢？"

如此大才，为何用人单位不要呢？其实，庞统真正得罪孙权的原因，在于庞统否定了周瑜。孙权的哥哥孙策在临终时，就交代给孙权："内事不决问张昭，外事不决问周瑜。"然后才将大位传给孙权。周瑜对于孙权来说，相当于辅政大臣，庞统如此一说，不仅是蔑视周瑜，也是否定孙策，更是笑江东无人，孙权又岂能留他？

虽然我们可以通过道德、党友、财物、采色这四种方式，获得对方的好印象，但是庞统的例子告诫我们，这些外在的好印象，并非一成不变，随时都会因为我们不合时宜的谈吐、举止，而往坏的方向发展。

因此，想要别人听我们的，除了熟悉掌握上述的四种方式，还要时刻注意我们的言行。下面我们就来看看，在言谈举止方面，怎样才能树立良好的沟通形象。

充满自信，告别"气短"

《鬼谷子》言："志意实坚，则威势不分。"讲的是，志向坚定，充满自信，自身的威势就不会消散。

我们先从现象说起，不知道大家有没有这样的体会：平时我们和同事之间聊天都很正常，但是在与上司交流的时候，却不敢正视对方，唯唯诺诺，呼吸急促，甚至有些"气短"，严重影响上司对我们的印象。那么，我们为什么会"怂"（sǒng）呢？

有人说是因为对方是上司，身份在那放着，我们都指望着他发工资呢，因此说话要格外小心。

可是，设想一下，若是我们为了递交辞职申请而去见上司，我们还会这样低声下气吗？显然不是，与之前相比，上司的身份并没有变，真正起变化的是我们的自信心。没辞职之前，你是老大，我在你手下干事，自信心自然不如你；现在找到了好工作，你也没资格管我，咱俩谁怕谁！自信心爆棚！试想一下，一个自卑的人，说话"轻声细语"，又怎么可能有威势呢？对方又凭什么会去听呢？

所以自信很重要，有了自信，威势油然而生。即使扮演一个没有台词的路人甲，只要足够自信，威势也会显现出来，别人自然会对你另眼相看。

三国时期，曹操要去接见来自匈奴的使者，但是，曹操知道自己身材矮小，相貌丑陋，认为这样的颜值不足以慑服远方的国度，于是命令大帅哥崔琰（yǎn）代替自己，自己则扮作带刀侍卫，站立于崔琰旁边……一切进行得都很顺利，等到接见完毕，这戏拍得到底好不好？曹操心里没底，就派密探去问那个使者："你觉得魏王怎么样？"匈奴使者答道："魏王儒雅的风采不同寻常，然而站在魏王旁边持刀的那个人，才是真正的英雄啊！"曹操听后，意识到了自己"抢戏"，为防止秘密泄露，派人在途中杀了匈奴使者。

曹操用实践向我们证明：靠脸吃饭是没用的。在别人眼中，崔琰充其量就是一个帅哥，算不上英雄！真正的英雄，外在容貌并不重要，重要的在于内在精神，也正是因为曹操志向远大，精力充沛，才能使威势流露于外，即使扮演带刀侍卫，没有台词，也能靠气场震慑匈奴使者。

一天夜里，上阳宫内一片烛光摇曳，武则天侧卧在龙榻上，体态安详舒展，目光静谧而空洞地平视着面前温暖柔和的点点烛光。张易之坐在其身后机械地为她摇着羽扇。他紧紧盯着武则天的背影，目光炯炯，像此时燃烧得最明亮的一对焰火……

武则天意识到了张易之的目光，她并没有转头，说道："你总盯着我看什么？"武则天的问话令张易之不禁打了一个寒战。张易之答道："我，我在看您新生的黑发……您，怎么知道？我在看您。"武则天笑了，说："我能有今天，靠的就是这点儿本事。人要是能顺畅地往前走，最关键的是要看到你身后的情况。我就有这本事，所以我现在是我。"说完，武则天转过身来，张易之目光如炬地盯着武则天的眼睛，毫不退缩。武则天说："你有一点，是我身边所有的男人都不具备的。那就是，当别人洞察你心迹的时候，你依然能坚持直视对方的眼睛，这很不简单！我小时候，父亲总爱和我们玩一种游戏。他要我们几个孩子，和他面对面地坐着，凝视他的眼睛，谁先撑不住，谁就算输，每次我总能赢，因为，我从不逃避，即使是在犯错误的时候。"

武则天的自信，是建立在永不逃避的基础之上。无论做出正确还是错误的决断，她都相信自己有能力去面对，去解决，也正如她所说的："每次我总能赢。"而在《亮剑》中，独立团团长李云龙也表现出了这种自信，他说："古代剑客们在与对手狭路相逢时，无论对手有多么的强大，就算对手是天下第一的剑客，明知不敌，也要亮出自己的宝剑。即使是倒在对手的剑下，也虽败犹荣，这就是亮剑精神。"

总之，在说话过程中，如果想让对方接受我们的看法，那么气势上绝对不能输给对方，我们要的就是这份自信！要有"亮剑精神"。

最后，我们来总结一下建立自信的方法：

1. 志向远大，并为之奋斗！

2. 无论发生了什么事，勇敢面对，绝不逃避！

3. 对方与我们说话的时候，时刻注视着对方。

4. 永远不要把自己想得一无是处，都是两个肩膀扛一个脑袋，谁怕谁？

5. 坦然面对自己的缺点，曹操那么丑，都勇敢地活着，何况我们？

言行一致，咱有一说一

《鬼谷子》说："智者达于数，明于理，不可欺以不诚。"指智者明于事理，不能欺骗他们。

虽说我们不是智者，但是基本的事理还是知道的。比如在日常生活中，我们常常听到这样的话：下次请你吃饭；改天我请你；我马上就到……类似的话很多，结果我们都能猜得到："下次"就是永远也等不到下次，"马上"就是要让我们等很久……在对方看来，不过就是随口这么一说。然而说者无意，听者有心，时间长了，往往就会让我们对他产生了言而无信的印象。像"改天我请你"这样的假话，用郭德纲的话来说，就是："大家都是成年人，你蒙谁呀？"

战国时期，秦国派商鞅攻打魏国，魏国派公子昂领兵迎击。两军相拒对峙，商鞅一看来将是公子昂，开心得不得了！原来商鞅曾在魏国求学，认识了不少人，公子昂便是其中之一。于是商鞅派人给公子昂送来一封信，写道："我当初与公子相处很快乐，如今你我成了敌对两国的将领，怎能忍心相互攻击？我想约公子相见，订立盟约，咱哥们痛痛快快地喝几杯，叙叙旧，然后各自撤兵，让秦魏两国永无战事。"公子昂一想，确实好些年没见了，就去见见吧。于是前去赴约，等到会盟结束，正在喝酒的时候，商鞅突然摔杯为号，四下埋伏的士兵从天而降，噼里啪啦，公子昂毫无防备，被商鞅俘虏。随后商鞅趁机攻打魏国军队，魏军大败。商鞅押着公子昂班师回国。

俗话说得好，出来混迟早要还的。等到秦孝公去世，太子即位。公子虔的手下告发商鞅要造反，太子于是派人前去逮捕商鞅。商鞅逃跑到边境关口，想住旅店。旅店的主人不知道他就是商鞅，说："商鞅有令，住店的人没有身份证，店主要连带判罪的，你没有身份证，不能让你住！"商鞅万万没想到，自己设定的法律竟然作用到了自己身上，叹息不已。如此一来，秦国是待不住了，无奈之下，只能离开秦国，逃往魏国。可是商鞅万万没想到，就是因为当初自己背信弃义，魏国人对他恨之入骨，并把商鞅遣送回秦国。最终，商鞅被施以车裂之刑（五马分尸）。

孔子曾经讲："言而无信，不知其可。"意思是说，一个人不讲信用，不知他怎样在社会上立足。要想给对方留下好印象，平时的时候就要言行一致。教育子女也是如此，父母是子女的第一任老师，父母的言传身教，对子女今后的生活产生深远的影响。有些父母常常会抱怨在教育子女的时候，孩子不愿意听。古人说，有因必有果。也许我们该考虑一下是不是教育方式上出了问题。

春秋时期，曾子[1]的夫人到集市上去赶集，她的孩子哭着也要跟着去。曾子的夫人对孩子说："你先回家待着，待会儿我回来杀猪给你吃。"曾子的夫人到集市上回来，就看见曾子要捉猪去杀。

她就劝阻曾子说："我只不过是跟孩子开玩笑罢了。"

曾子说："玩笑能随便开？孩子不知道你在和他开玩笑。孩子没有思考和判断能力，要向父母亲学习，听从父母亲给予的正确的教导。现在你在欺骗他，这就是教育孩子骗人啊！母亲欺骗孩子，孩子就不会再相信自己的母亲了，这不是教育孩子的正确方法啊！"

于是曾子买了一头猪回家，把猪给杀了，做了红烧肉给孩子吃。

要给对方一个好印象，就要言而有信，否则会跌入"塔西佗陷阱"。所谓"塔西佗陷阱"，是由古罗马时代的历史学家塔西佗提出，指当政府部门或某一组织失去公信力时，无论说

---

1 曾子（公元前 505 年—公元前 435 年），名参（shēn），字子舆，春秋末年鲁国南武城（今山东嘉祥县）人，祖籍郯国。是中国著名的思想家，孔子的早期弟子之一，与其父曾点同师孔子，是儒家学派的重要代表人物。

真话还是假话，做好事还是坏事，都会被认为是说假话、做坏事。这个卓越的见解后来成为西方政治学里的定律之一。说话也一样，一旦给对方造成了满嘴跑火车的印象，再想挽回就很难了。

让我们再次回到教育问题上，我曾见过这样的父母，答应孩子：如果你这次期末考试考入年级前 50 名，那么就会带你去美国旅游。孩子一听很高兴，奋发图强，可谓是头悬梁锥刺股，终于考入年级前 50 名，就等着去美国旅游了……然而父母却以工作忙，没时间为理由，不予兑现。当然，孩子很聪明，在意识到自己的努力"付诸东流"以后，为了防止以后不再受到伤害，无论他父母再说什么，对他而言，已是微风拂面，过眼云烟。

在职场中，类似的情况也很多，我一哥们就遭遇到这样的事情：上司答应他们，若是拿下这一单，每人奖励两万元！我哥们一听可高兴了，拼命加班……最终，单是拿到了，可上司说，这钱他没权利支配。没权利你不早说！这不瞎耽误工夫吗？当然，以后不管上司说什么，全当他在……

总之，在生活的方方面面，想要给对方一个好印象，想要说话有分量，就必须言行一致，言出必践，咱要么不说，说了就一定做到。对于那些做不到的事情，干脆就别说。千万别一时逞强，图口舌之快，胡乱去答应别人，日子久了，又没兑现，一旦跌入"塔西佗陷阱"，想再爬出来，就比登天还难了。

告别啰唆，我们的人生不需要解释

《鬼谷子》言："损之说之，物有不可者，圣人不为之辞。"意思是说，行动了，解说了，外界还是不赞同，即使是圣人也不强加言辞进行解释。而在生活中，我们常见的啰唆，往往源于过度解释。

办公室主任让部下去办事，部下匆忙走了，一会儿打来电话，说遇到麻烦。主任就给部下说该如何如何，说完挂断电话。一会儿，部下又来电话说还是有麻烦。主任就说："我不是给你说了该怎么办吗，按我说的去做。"说完，没等部下开口就挂断电话。几分钟后，电话又响了，主任估计还是部下打来的，拿起听筒，一听还是他，心想怎么没完没了！说道："不是叫你按我说的去做吗？"说完放下话筒。接着电话又响了，主任真的生气了，后果很严重，抓起话筒就咆哮："你到底有完没完！"吼完正要挂电话，只听电话里说："主任脾气不小嘛！"

主任一听，声音很熟，坏事了，是上级领导打来的。于是忙道歉说多有得罪，我不是骂您。领导也没有继续扯下去，只说半个月后要进行新一轮领导班子竞聘上岗，让他做好准备，说完就挂断了电话。

主任越想越不对劲，骂领导可不是一件小事，自己有必要解释一下。于是他拿起了话筒，拨通了领导的电话说："王局长吗？我是老李，李主任，刚才在电话里我实在不是骂您，是骂一部下，请您不要见怪。"对方说："我知道，你怎么可能骂我呢？"说完放下了电话。

主任心情舒畅了，但这种舒畅没有持续几分钟，就又觉得不对劲了，他忽又想到领导并不知道自己为什么骂部下，会不会对自己骂部下有什么看法？果真这样的话，对半个月后的竞聘就可能有影响，自己有必要告诉领导骂部下的原因。于是就拨通了领导的电话，说："局长，刚才忘了向您解释一下，我刚才骂那部下是因为太气愤了，我让他办一件小事，他居然不停地来电话，很烦人，我一气，就骂了起来。"

对方说："李主任，不必解释了，我知道。"说完就挂了电话。

主任放下电话长舒一口气，显出一副轻松的样子。几分钟后又觉得不对劲了，他又想到不管怎么说骂人是不对的，这样会给领导留下自己粗鲁的印象，如果这样的话，后果有些严重，自己还有必要解释一下。想到这里，他又拨通了领导的电话说：

"王局长吗？我还要解释一下，我刚才骂的那个人是我的一个表弟，我们平时很随便，才这样骂他，对别的部下，我从来没有这样骂过。"

局长说："还是这事，还有别的吗？"

主任忙说："没有，没有。"领导立即放下了电话。

主任放下话筒，觉得这回彻底轻松了，真的没什么可顾虑的了。但一会儿又觉得不对劲，刚才的解释固然不错，可会不会给领导留下一个任人唯亲的印象呢？他又坐立不安了，觉得还有必要解释一下。于是又拨通了领导的电话，说："局长吗？我还要解释一句，刚才我骂的那个表弟，是我妻子的表叔的堂兄的儿子，是一位远房亲戚。"

这回那头的领导生气了："你有完没完！"咣的一声就挂断了电话。

主任傻眼了，拿着话筒的手停留在空中，半天没有放下来。

我们可以看到，啰唆的套路在于为了解释 A，需要用到 B，但是怕对方不明白 B 是什么，则要再去解释 B，然而解释 B 的时候又用到了 C，于是又去解释 C……没完没了，最终让对方抓狂。

其实，在很多时候，是没必要做解释的。正所谓"清者自清，浊者自浊。"过度解释在让对方认为我们啰唆的同时，造成误解，如此一来，不但误会没解开，误解反而更深了。

而在某些场合中，所谓的解释，无非是在给自己找一个借口而已。我们都知道，"没有任何借口"是美国西点军校200年奉行的最重要的行为准则。它告诉我们找借口其实是推卸责任的表现。比如迟到，无论如何解释，迟到就是迟到，过度解释，只会让对方认为你是一个逃避责任的人。

因此，在日常生活中，为减少啰唆，我们可以在开口前，先思考这两个问题：

1. 哪些要说，哪些不要说。

2. 哪些先说，哪些后说。

思考完之后，要明确重点要点，说话顺序建议先说重点或结论，至于细节，对方问了再说，不问就不说了。这样做，可以有效地避免东拉西扯，也可以使我们的表达更加简练，让对方在一开始就明确我们的主题思想，避免了言不及义的现象。

态度平静，泰山崩于前而色不变

《鬼谷子》说："己欲平静以听其辞，察其事，论万物。"意为，我们应该以平静的心态去听对方说话，观察事情，评论万物。更进一步说，若是想把对方的说话内容完全掌握，谈论万事万物更加深入而具体，保持心态平静是必需的。

然而在很多时候，我们会误以为加大音量、态度强硬，就可以让说话更有分量。然而这么做的结果，往往是分量没有增加，对方的怒气值倒是增加了，对我们的印象反而变差了。就拿男人和女人吵架来说，只要男人声音一抬高，这个时候吵架的原因已经不重要了，因为后面就变成了："你居然敢吼我，你再吼我一句试试！"显然，强硬的态度是不合适的。

有一个小朋友在捣乱，讲道理也不听。于是我（指此文作者）说："你不能无缘无故打别人，要罚站三分钟。"

他根本不理我，完全无视。这时候，很多家长老师就该生气了。或者开始焦虑了、无奈了。于是，我最后通知："现在，我将开始执行对你的惩罚。"于是，我抓住他，用适度的力气把他抱到墙边上。我知道这是一场非常漫长的战争。

他开始大叫："放——开——我——"

大多数家长听到这个一定会发怒，事实上，大多数成年人都抑制不住情绪的激动。但是如果把这种情绪传递给孩子，对他是最有害的。我平静地重复着："你违反规则了，必须保持三分钟不能动。"

他开始生气，开始反抗，开始骂我"臭狗熊"、"臭老鼠"、"大坏蛋"、"臭屁蛋"。但无论他如何踢打、咆哮，我都任他踢打，任他辱骂，任他咬我，他打了我一百多下，咬了我七八个牙印，但我所做的只是两件：一是保持平静，决不情绪波动。二是牢牢地抓住他的手，不断重复：违反规则就要罚站3分钟。这样僵持了45分钟，他终于累了，说："我站完了3分钟以后呢？"

我说："站完了就可以去玩呀。"

他真的站起来，走到墙角去站好。很快，3分钟过去了。于是，他获得了自由，高兴地出去玩了。

这个故事，源于叶修的《我们应该严厉教育孩子吗》，叶修通过这个例子，是想告诉我们，父母在教育孩子的过程中，需要注意这两点：一是在教育过程中，时刻保持心态平和，这样就不会将负面情绪传递给孩子，激发孩子的逆反心理；二是让孩子树立起规则意识，并不是因为父母想惩罚孩子就能惩罚孩子，而是因为孩子犯了规则。

当然，就说话的规则而言，要求我们在平时说话的时候，应当时刻保持平和的态度，这样不会让对方受到我方情绪干扰。此外，那些负面情绪，如愤怒、悲伤等等，往往会影响我们的判断，相较而言，平和的心态，更会帮助我们做出正确的判断。那么，我们该如何保持平和的心态呢？

为保持心态平和，首先我们不要对自己考虑太多，我们的大多数时间都会用于考虑自己的需要和问题。但以自我为中心的思想很少会给心灵带来平静。相反，它会带给我们更多压力和困惑。因此，不要考虑太多自我的事情，有些时候，甚至可以暂时忘记自己。

其次，暗示自己，不强求。不必把自己的想法强加给对方。比如好说歹说，对方就是不听，这个时候往往会觉得很愤怒，可是细想一下，你不听是你的损失，于我又有什么损失呢？

最后总结，借用金庸先生描述的《九阳神功》口诀：他强由他强，清风拂山冈。他横任他横，明月照大江。他自狠来他自恶，我自一口真气足。简单来说，管他如何强横，咱都心态平和。

尊重对方，做一个合格的听众

《鬼谷子》讲："人动我静，人言我听。"意思是对方采取行动，我就静观其变；对方若是说话，我就耐心听。培根曾经说过："打断别人，乱插话的人，甚至比发言冗长者更令人生厌。"若想给对方留下一个好印象，说话时不可随便打断对方，既体现出教养，也是对对方的尊重。

二战时期，美军遇到一个危险的任务，司令官布莱德雷将手下召集起来，列队站好，说："有哪位愿意担任这次任务的，请句前走两步……"恰在此时，一位参谋请布莱德雷立马处理一分战报。等到他处理完，发现长长的队伍仍是一条直线！布莱德雷愤怒了，他大声说："难道没有人愿意吗！"有个将士说："报告司令……"布莱德雷当即打断他："闭嘴，你这个懦夫！现在情况紧急，竟然没有一个人站出来！身为军人，你们的勇气呢？"布莱德雷生气地把所有的将士都训斥了一顿，现场的气氛十分紧张。这时，先前说话的那个将士再次发声："司令，请您听我把话说完！其实，我们刚才每个人都向前跨了两步，所以仍然是条直线！"布莱德雷听完这话，羞愧难当。

布莱德雷只凭主观臆断，轻易下结论，缺少听他人解释的耐心，从而造成了误解，影响战士团结。而在日常生活中，有些人不等对方把话说完，就以为已经理解了对方的意思。而不听别人把话说完，很容造成误解，说错话、办错事，伤害别人，也影响对方对自己的印象。听别人把话说完，不仅是对别人的尊敬，更是了解完整信息，避免产生误解的不二法门。

《鬼谷子》说"出言欲听"，指我们说话总是希望被对方听从。从另一个方面来说，我们渴望说话被对方认可的同时，对方肯定也希望我们认可他所说的话。因此，双方在行使说话的权利同时，也不要忽视了，履行倾听的义务。世界著名记者麦开逊曾说："不肯留意去听别人的说话，这是不能受人欢迎的原因的一种。一般的人，他们只注意于自己应该怎样地说下去，绝不管对方要怎样地说。须知，世界上多半是欢迎爱听别人说话的人，很少欢迎爱专说自己的话的人。"因此，耐心倾听对方说的每一句话，能够帮助我们快速建立良好印象。

于是，有人就说，不就是听别人说话吗？多简单的事啊！

在一次巡回表演的过程中，卓别林通过朋友的介绍，认识了一个对他仰慕已久的观众。卓别林和对方很谈得来，很快就成了关系不错的朋友。

在表演结束之后，这个新朋友请卓别林到家里做客。在用餐前，这个身为棒球迷的朋友带着卓别林观看了自己收藏的各种各样和棒球有关的收藏片，并且和卓别林兴致勃勃地谈起了心爱的棒球比赛。

朋友对棒球爱到了痴迷的境界，一旦打开话匣子之后就收不住了，滔滔不绝地和卓别林谈起了棒球运动。从对方谈起棒球开始，卓别林的话就少了很多，大多数的时候都是朋友在讲，他则微笑注视着对方并认真地听着。

朋友说到高兴的地方，两只手兴奋异常地比画了起来，他说起自己亲自体验到的一场精彩比赛时，仿佛已经置身于万人瞩目激动人心的棒球场上了，完全沉浸在了对那场比赛的回味之中。卓别林仍旧微笑着看着对方，偶尔插上几句，让朋友更详细地介绍当时的场景。朋友越说越兴奋，只是对一直没能得到那场比赛里明星人物的签名有些沮丧。不过，这种沮丧的情绪很快就被他对那场比赛的兴奋所冲淡了。

那天中午，沉浸在兴奋之中的朋友说得兴起，差点把午饭都忘记了，直到他夫人嗔怪着让他快点带客人来吃饭的时候，他才不好意思地笑着拉起卓别林来到了餐桌前。那天的午餐，大家的兴致都非常高，尤其是卓别林和这位新认识不久的朋友，彼此之间相谈甚欢。

在当地的演出结束之后，这位新朋友非常舍不得卓别林，一直将他送出了很远，才恋恋不舍地道别。

不久之后，这次巡回演出也告一段落。回到家里，卓别林通过各种关系费尽周折找到了朋友说起的那个棒球明星，请他在一个棒球帽上签了名之后，卓别林亲自把这个棒球帽寄给了远方那个对棒球极度痴迷的朋友。

卓别林的举动让他身边的人非常不解，因为大家都知道，喜欢安静的卓别林对棒球从来就没什么兴趣，他们简直就无法想象一个对棒球丝毫不感兴趣的人只是为了朋友的一句话，就费了这么大的精力去要一个签名。尤其是当大家知道了对棒球一无所知的卓别林居然和朋友聊了大半天的棒球比赛，大家更加想不明白了——要知道，在那么长的时间里听朋友讲一个自己完全不感兴趣的事情，那种滋味儿可是非常难受的。

卓别林倒是很洒脱，他告诉身边的人："我是对棒球不感兴趣，可我的朋友对棒球感兴趣，只有尊重他人所尊重的事物，别人才能感受到自己被理解被尊敬，这是一切友谊的基础。"

后来，当朋友听到了卓别林这段话之后，拿着他送来的棒球帽，感慨良久。两个人的友谊整整延续了一生。很多年之后，已经白发苍苍的他说起这段往事仍旧慨叹不已："我今生能够成为卓别林的朋友，是我最大的荣幸。是他让我明白了什么叫做真正的尊重和真正的友谊。他的人格光芒，照亮了我的一生。"

但凡谈论到自己所感兴趣的事，难免都会多说几句，这是人之常情。而作为倾听者，若是表现出无聊、打哈欠，说话者又会是什么样的感受呢？至少觉得对方不尊重我们，以后再也不跟他说话了。而在职场中，有些员工始终不明白为什么自己总是得不到上司的认可，其原因很可能就在于，某天开会，上司讲得正起劲，突然看见他在打哈欠……

因此，出于尊重，即便对方絮絮叨叨，没完没了，让我们感到昏昏欲睡，我们也要强打精神，极力配合，让对方尽兴而归。正所谓交友虽易，倾听不易，且听且珍惜。而当我们做到了这一点时，就会发现，在不知不觉中，有很多人愿意找我们聊天，乐意向我们倾诉。

当然，在极个别的情况下，我们也可以选择做一个糟糕的倾听者。

比如在日常生活中，有时我们也会遇到自己比较讨厌的人，和他们说话，用户体验是很糟糕的，想必大家都深有体会。当他打电话过来的时候，我们可以这样——喂？你说什么？老树？不是，是老鼠？不对，老叔吗？哎呀，我这边信号不好，听不清啊，一会我再打给你。

可是，有些时候，即便我们耐心听对方讲完，误会也会产生。

美国知名主持人林克莱特有一天访问一名小朋友，问他说："你长大后想要当什么呀？"小朋友天真地回答："嗯……我要当飞机的驾驶员！"林克莱特接着问："如果有一天，你的飞机飞到太平洋上空所有引擎都熄火了，你会怎么办？"小朋友想了想："我会先告诉坐在飞机上的人绑好安全带，然后我挂上我的降落伞跳出去。"当在场的观众笑得东倒西歪。林克莱特问道："为什么你要这么做？"小孩的答案透露出这个孩子最真挚的想法："我要去拿燃料，我还要回来。"

"为什么你要这么做？"一句简单的反问，让孩子有机会道出了心中那份最真挚的感情。试想一下，若是林克莱特没有追问下去，我们会认为这个孩子非常自私，只顾自己，不管别人。

文学大师木心曾说过："不知原谅什么，诚觉世事尽可原谅。"很多事情，我们都只是看到了表面现象，可是关于事实的原因，我们却没空理会，误会也就慢慢产生了。伟大领袖毛主席教导我们："没有无缘无故的爱，也没有无缘无故的恨。"事出皆有因，为了避免误会，我们确实需要一些耐心，来把事情弄清楚，搞明白。

因此，做一名合格的倾听者，我们就应该做到以下三点：

1. 不能随意打断对方。

2. 即使对方再唠叨，也要表现出足够的耐心。

3. 适当的时候，多问一个为什么，深入了解对方持有这种观点的理由和动机。

当我们做到这三点的时候，别人也会尊敬我们。正如孟子所说的："爱人者，人恒爱之；敬人者，人恒敬之。"

第二章
揣情：开口之前察言观色
——鬼谷子的读心术

　　《鬼谷子》说"人之情，出言则欲听"，指我们说话总是希望得到对方认可，这是人之常情。然而，在很多情况下，我们不仅得不到对方的认可，反而被对方所厌恶。在本章中，我们将深入探讨"出口伤人"的原因，以及分享《鬼谷子》中察言观色的技巧。

饭可以随便吃，话不能随便说

《鬼谷子》讲："不见其类而为之者，见逆。"指的是，不了解对方的真实情况，贸然前去游说的人，往往会事与愿违。

在职场中，老板还在为女儿没考上重点中学而发火，这时候 A 跑过去要求老板加薪……生活中，B 因股市大跌，赔得一塌糊涂，这时朋友的电话来了，向他借钱……类似于这样的事情，生活中常有发生，结果想必大家都能猜得到。究其原因，也正如鬼谷先生所言。

春秋时期，宋国的一位富豪，家中围墙因为下大雨，塌了半边。他儿子就说："墙要是不补，会丢东西的。"邻居看到富豪家的墙坏了，也跟他说："墙要是不补，会丢东西的。"富豪没当一回事，当天晚上果然被盗，丢失大量金银珠宝。事后，富豪一想，觉得儿子聪明，有远见，后悔当初没听儿子的建议。转念一想，邻居也提过此事啊，他怎么会知道有贼要来呢？会不会和贼是一伙儿的？于是怀疑邻居是贼。

同样一句话，不同的人说，效果竟截然不同！问题的关键，在于邻居并不了解富豪的心理，或者说富豪更愿意听谁的话。常言道，疏不间亲，相较于外人，我们更愿意相信身边的亲人。比如教育子女，同样的事，外人批评，不见得管用，非要父母亲自管教，孩子才听。

老王在过40岁生日时，请来一批客人在他家为其庆贺生日。

大部分人都到了，但还有几个人迟迟没到。

酒菜都准备齐全了，那几个人还没来，老王一急，脱口而出："真是急死人了，这该来的怎么还不来。"

其中一部分客人听了非常生气，冲他说："你这话什么意思，该来的没来，意思是我们是不该来的，既然如此，那我们就先走了。"话音没落就抬脚走人了。

老王见那几个人还没来，另一部分又生气地走了，这人急忙给剩下的一部分客人解释："我不是那个意思，他们误会了，真的误会了，我没有让他们走的意思，这不该走的倒又走了。"

剩下的一部分客人，一听这话，其中一部分生气地说，"你这人怎么这么说话，照你这么讲，该走的应该是我们，那我们还在这干吗，走人。"说完，起身走了。

没想到又气走了一部分客人，老王心情糟透了，看着剩下的几个人不知所措。最后剩下的这几个人跟他交情较深，劝他说：

"算了，人都已经走了，以后你说话时要注意点。"

老王一脸的无奈，对这几位朋友说："其实他们都误会我了，我其实不是说他们的。"

最后这几位朋友一听也火了，大声问道："你说什么？你不是说他们，那就是说我们，真是莫名其妙，有什么了不起的。"说完，气哼哼地也走了。

我们往往会以为是老王不会说话，导致人情没做成，生日也过不了。其实，更为深层的原因，在于老王不了解对方的想法，误以为他们把自己当朋友。试想一下，如果他们真是老王的好朋友，老王不会说话，也不是一天两天了，他们对此应该是心知肚明、习以为常的，不至于因为老王的无心之失，就发火走人。

林语堂先生讲："一切的人情世故，一大半都是在说话当中。"有几分人情，就说几分话。而在职场、生活中，我们却往往忽视了这一点。比如有人称他的好朋友为"二狗"，那是他们关系好，可以这么称呼。路人听见了，也跟着喊一声"二狗"，二狗听了，弄不好就要来揍人了，显然，"二狗"并非谁都能叫的。

所以，鬼谷先生告诫我们，要看清楚具体情况，不能随便乱说。这也就意味着，说话必须迎合对方的心理，对方想听什么，不想听什么，我们都要仔细研究研究，否则说了得罪人，甚至连朋友都做不成。因此，在说话过程中，事先知道对方的心理，显得至关重要。《鬼谷子》讲："开而示之者，同其情也。"强调的就是知道对方的心理，再开口说话。可是，我又不是对方肚子里的蛔虫，我怎么知道对方想的是什么呢？臣妾做不到啊！

下面，就来介绍鬼谷先生的三种读心术。通过合理地使用它们，我们不仅能够知道自己在对方心中的位置，而且还能知晓对方的想法。

前后对比的方法——反覆

《鬼谷子》说："反以观往，覆以验来；反以知古，覆以知今；反以知彼，覆以知己。"意思是说，运用"反覆"的技巧，可以观察过去，检验未来；可以古知今；可以知彼知己。简单来说，就是前后对比的方法，通过对比同一对象在不同时期出现的不同变化，总结其变化规律，进而揣测出对方的心理。在辽沈战役中，林彪正是运用了"反覆"的方法，活捉廖耀湘。

辽沈战役打响后，在东北野战军前线指挥所里，每天深夜都要进行军情汇报，由值班参谋读出各个纵队、师、团用电台报上来的当日战况和缴获情况，包括每支部队歼敌多少、俘虏多少；缴获的火炮、车辆多少；枪支、物资多少……司令员林彪对战报要求很细：俘虏要分清军官和士兵；缴获的枪支要统计出机枪、长枪、短枪；击毁的和尚能使用的汽车要分出大小和类别。

每份战报几乎都是千篇一律的枯燥数据。经过一天的辛苦工作，人们已经疲惫不堪，指挥所一屋子的人中恐怕只有定下这个规矩的林彪和读电报的参谋会用心留意。

1948 年 10 月 14 日，东北野战军对国民党重镇锦州发起总攻，经过 31 个小时的激战，攻克了敌人原以为坚不可摧的阵地，全歼守敌 10 万余人。之后，我军不顾疲劳，又挥师北上，与从沈阳出来增援的国民党精锐部队廖耀湘集团 20 余万人在辽西相遇，一时间形成了混战。

战局瞬息万变，谁胜谁负实在难料。在大战十分紧急的情况下，无论多忙，林彪都要坚持每晚必做的"功课"。

一天深夜，值班参谋正读着一份某师上报的战斗缴获报告，那是该师的下属部队偶然碰上的一个不大的遭遇战，他们歼灭了一部分敌人，缴获了一些战利品，敌人余部逃走。表面上听起来，这份报告与其他报告并无明显差别，林彪听着听着，突然叫了一声"停"。

他眼中一下子闪出光芒，欣喜地问周围的人："刚才念的在胡家窝棚那个战斗的缴获你们听到了吗？"大家满是睡意的脸上现出茫然，因为像这样的战斗每天都有几十起，只是枯燥的数字稍有不同罢了。

林彪扫视一周，见无人回答，便接连提出三个问题："为什么那儿缴获的短枪与长枪的比例比其他的战斗略高？为什么那儿缴获和击毁的小车与大车的比例比其他的战场略高？为什么那儿停获和击毙的军官与士兵的比例比一般歼敌略高？"

人们还没来得及思索，胸有成竹的林彪已大步走向铺满军用地图的墙壁，用长杆的尖头指着地图上的一个点说："我猜想……不，我断定！敌人的野战指挥所就在这儿！"随后，林彪口授命令，全力追击从胡家窝棚逃走的那股敌人，一定要把它彻底打掉。各部队要迅速采取分割包围的办法，把失去指挥中枢后会变得混乱的几十万敌军切成小块，逐一歼灭。东北野战军统帅部的命令随着无线电波立即发向了各部队……

此时的国民党第9兵团中将司令官廖耀湘还庆幸自己在意外的遭遇战中幸免于难，准备和自己的另一支部队汇合。刚刚安全脱身的他来不及休息就急忙指令各部队尽快集结，欲回师沈阳大本营或经辽宁的营口港从海上突围撤回关内。

可是好景不长，追击而来的解放军指战员很快就把他的指挥部团团围住。廖耀湘眼看大势已去，只好脱下将军服，穿上满是油渍的伙夫衣服，由亲信保护，在混乱中择机逃走。但他们钻来钻去跑了好几天，都无法逃脱。

因为满山遍野都是解放军战士，不断有人高声喊道："矮胖子，白净脸，金丝眼镜湖南腔，不要放走廖耀湘。"用对方指挥官的长相特征编成的一句"顺口溜"，居然有无比巨大的威力。乔装打扮的廖耀湘只好从俘虏群中站出来，沮丧地举手投降，无奈地说："我就是廖耀湘。"

对自己精心隐蔽的精悍野战司令部被迅速发现，廖耀湘实在感到不可思议。当他得知林彪是如何做出判断的之后，这位出身黄埔军校又曾留学法国圣西尔军校、身为国民党"五大王牌军"之首的指挥官说："我服了，败在他手下不丢人。"

林彪正是运用了"反覆"的方法，通过前后数据的对比，揣测出廖耀湘的心思，找到了对方的野战指挥所。这是"反覆"在军事上的应用，同样可以用于说话中，通过对比不同时期的人物变化，进而揣测出对方的心理。

秦末，刘邦与项羽各自攻打秦朝的部队，刘邦兵力虽不及项羽，但刘邦先破咸阳（主要因为项羽一路是秦军主刀部队防卫）。因先入咸阳者王关中，项羽失去了称王机会，所以项羽勃然大怒，派英布夺下函谷关。项羽屯兵于新丰鸿门，总军力40万人，而刘邦则在霸上，军力10万人。此时，刘邦的左司马曹无伤派人在项羽面前说刘邦打算在关中称王，更让项羽欲杀刘邦而后快。

这时，范增就对项羽说："想当年刘邦在山东的时候，贪财好色，现在这小子攻入咸阳，财宝分文不取，美女一个不要，既不贪财，也不好色，这说明他志向不小，有争夺天下的野心！另外，据相士说，观刘邦气色，霞光万丈，俨然有帝王之气，因此，我建议趁其羽翼未丰，早早把他干掉，以除后患。"项羽听后觉得很有道理，决定出兵灭了刘邦。

上面的故事是"鸿门宴"的前奏，范增先是说刘邦的过去怎样怎样，接着说刘邦现在如何如何，通过对比，总结出刘邦志向高远，有一统天下的野心，进而劝说项羽杀掉刘邦。

在职场中，运用"反覆"，可以得知竞争对手的意图。我们可以先观察竞争对手之前采取了哪些行动，现在又施行了哪些策略，于是就有了对比，然后分析为什么会有这样的变化，进而揣测出对手的心理意图。

在日常生活中，应用"反覆"，还可以测谎。怎么测呢？假设父母怀疑孩子打碎了邻居的玻璃，但是孩子不承认。可以在当天询问孩子，事发当时你在干什么？和谁一起？等等类似的问题，但是问题一定要与打碎玻璃相关，然后看他如何回答，并暗自记录下来。然后无事，尽量让孩子松懈下来。过了几天，再问同样的问题，记录回答，对比之前，看是否存在偏差。若偏差较大，则一定说谎。若前后一致，可再过一段时间，趁他不注意的时候，再次问这个问题，接着对比之前的情况，若偏差较大，必为说谎。

总之，我们平时就要细细观察，如果对方的行为近来一反常态，就说明出现某种情况，我们都可以运用"反覆"的方法加以分析，从而发现问题所在。

检验对方诚意的办法——捭（bǎi）阖（hé）

《鬼谷子》言："审定有无与其实虚，随其嗜欲以见其志意。微排其言而捭反之，以求其实。"指在谈话中，我们要思索对方说的哪些是真话，哪些是假话，可以顺着对方的意思说，满足他的各种要求，从而知晓他的意图；也可以稍微反对他的意见，看看他怎么说，进而得知对方的内心所想。这种方法是"捭阖"中的识人方法。

在现实社会中，无论职场，还是生活，我们都会遇到这么一类人，他们表面一套，背后一套，成语"阳奉阴违"、"道貌岸然"、"笑里藏刀"等，说的就是他们。而我们往往会被这种假象所迷惑，仅仅听对方的言辞，很难判断对方说的是真话还是假话。现在，鬼谷先生给我们指出了一条明路，下面我们就来看看，"捭阖"具体是怎么用的。

秦末，张良信步走到一座小桥上观风景，没有注意到一头白发，身穿布衣的老者[1]慢慢走上桥来，当他经过张良的身边时，有意无意之间将鞋掉在桥下。然后很不客气地对张良说："小伙子，下去给我把鞋捡上来！"张良感到很纳闷，我与此人素不相识，他怎么能用这一种口气跟我说话，这样做也太没道理了，继而转念一想：他反正这么大把年纪了，尊老敬老是读书人的美德，就捡一回吧。

张良很快捡回了鞋，可谁料，当他刚把鞋递与老人时，老人却又顺手将鞋丢进了河里，并再次让张良去捡，于是，张良不厌其烦地捡鞋。这样，一连三次，最后张良都恭恭敬敬地把鞋捡了回来。老人满意地会心一笑，却坐了下来，把脚抬起来，对张良说："给我穿上。"

鞋都给你捡了，再给你穿上也没什么关系，张良这么想着，就蹲下身子，把鞋给老者穿上。老者看到张良这么谦虚，很满意，穿上鞋以后，对张良笑了一下，一个字也没有说，起身走了。

由于老者的行为如此反常，张良开始觉得老者有什么地方与众不同，但又不能确定，就远远地在老者身后随行。走了一段路之后，老者转回身来，对张良说："孺子可教也，我老人家有心栽培你，五天之后，天明之后，这一个时候，你在这里等我。"

过了五天，天刚刚亮，张良依照约定出现在桥头上，没有

---

1 黄石公（约公元前 292 年 – 公元前 195 年），秦汉时隐士，别称圯上老人、下邳神人，著有《三略》，该书已成为世界各国将领必读的书籍之一。

想到，老者已经在那里等他了。老者非常生气地对他说："与长者相约，你却来得这么晚，太没有礼貌了！五天后你再来吧。"过了五天，鸡叫头遍，张良就急忙出门，赶到桥头，老者却比上一次到的时间还早，见到张良，质问道："你又来晚了，回去吧，再过五天再来！"张良暗自惭愧，什么话也说不出，唯唯诺诺地答应了。又过了五天，张良根本不敢入睡，在深更半夜就来到桥头等老者。过了好大一会儿，老者姗姗来迟，看到张良已到，就高兴地说："与老者约会，这样子就对了。"老者说完之后，拿出一本书对张良说："你要努力学习这一本书，如果能够掌握它，你将成为王者之师，十年内必有大成，可佐王兴国；十三年后，你到济北来看我。"说罢，转身而去。张良知道碰到了神仙，赶紧向老者行大礼。但转眼间，老者已经不见了。

天亮后，张良细细翻看此书，发现竟是《太公兵法》，这是姜子牙辅佐周王时的兵书，此后，张良辅佐刘邦，为他出谋划策，最后一统天下。

在上例中，黄石公三试张良，正是用了"捭阖"的方法，只不过是顺着张良的意思，你不是愿意给我捡鞋吗？咱多试几次，看你是真心还是假意。于是就有了"圯（yí）桥三进履"的典故。通过"捭阖"的使用，黄石公最终发现张良能够忍人所不能忍，容人所不能容，处人所不能处，能成大事，并且内心纯良，可以托付，故传兵法。

　　东汉末年，曹操兴兵攻打徐州，徐州牧陶谦见难以坚守，四处求救，刘备应邀前来救援，陶谦看到刘备仪表轩昂，心中大喜，便命糜竺取徐州牌印，让与刘备。刘备吓坏了，问道："陶老先生是何用意？"陶谦说："当今天下纷乱，汉室倾颓，玄德（刘备的字）是汉室宗亲，又是皇叔，应该鼎力辅佐天子，匡扶汉室。老夫年迈无能，情愿将徐州让与玄德，切不可推辞！我自当另写表文，申奏朝廷。"刘备赶紧离席，对陶谦深深一拜，说道："刘备虽是汉朝苗裔，但是功微德薄。今为大义，特来相助。陶老先生既出此言，难道怀疑刘备有吞并徐州之心？刘备若有此心，皇天不佑！"陶谦说："我是真心相让啊。"再三相让，刘备哪里肯受。

　　后来，曹兵退去，陶谦请刘备于上座，拱手对众人说："老夫年迈，两个孩子又不成器，不堪国家重任。刘备乃是汉室宗亲，德才兼备，可以掌管徐州。老夫情愿乞闲养病。"刘备说："我前来救徐州，是为了大义。现在无缘无故据有徐州，天下之人将认为我刘备是无义之人啊！"糜竺说："今汉室倾颓，海宇颠覆，建功立业，正在此时。徐州富甲天下，人口百万，刘使君您就答应吧，万万不可推辞。"刘备说："此事绝不敢从命。"陈登说："陶先生年老多病，不能管事，你就别推辞了。"刘备说："袁术乃名门之后，就在寿春，何不将徐州让给袁术？"孔融说："袁术不成器，何足挂齿！今日这么好的事情，是上天赐予你的，你不要，将来后悔可就来不及了。"刘备仍坚持不肯。陶谦流下眼泪，说："你若舍我而去，我死不瞑目啊！"

这时，关羽看不过去了，说："陶老先生如此相让，兄长你就答应了吧。"张飞也跟着说："又不是我们强要他的地盘，他好意相让，何必苦苦推辞！"刘备生气了，说道："你们是想陷我于不义吗？"陶谦推让再三，刘备只是不受。

上例为"三让徐州"中的前"两让"。有很多人以此认为刘备虚伪，明明想要徐州，却不要，装模作样，假仁假义。其实并非如此，倘若我们是刘备，陶谦一让徐州，敢要吗？为什么不敢要？就怕陶谦假意相让，试探刘备有没有夺取徐州之意。万一要了，很可能几百名刀斧手从天而降，噼里啪啦，把刘备砍成了烂西瓜。那么等到陶谦二让徐州，从中是可以看到陶谦有些诚意，但可能还是试探，因此不能要。待到第三次相让，说明对方是真心相让，此时方可以接受。刘备其实是在两次反对陶谦相让徐州的诉求，得知陶谦是真心相让徐州。也正是运用"捭阖"的方法，来知晓对方实情。

纵观历史，在"捭阖"的使用上，刘备算是此道高手。

话说曹操在定陶一战，大败吕布，吕布收拾残兵败将，与陈宫商议投奔刘备。于是吕布一行人马，就往徐州开来。有人将此事报知刘备。刘备说："吕布是当今勇士，我亲自出城迎接。"糜竺说："吕布性如虎狼，万万不可收留，收留他是要伤人的。"刘备说："之前若不是吕布偷袭曹操，曹操又怎会退兵？现在他穷途末路，投奔于我，怎么会有二心？"张飞说：

"大哥心地太好了，即便如此，还是要提防一下的好。"于是，刘备领兵出城三十里，迎接吕布，与吕布一同入城。在州府衙厅上，礼毕之后，双方坐下。吕布对刘备说："我自从与王允计杀董卓之后，又遭李傕（jué）、郭汜叛变，四处飘零，诸侯多不能相容。最近，因为曹操不仁不义，侵犯徐州，多亏您鼎力相救陶谦，才使得我偷袭成功，然而后来不幸反中了曹操的奸计，败兵折将。现在走投无路，特来投奔您，咱们共图大事，不知您意下如何呢？"刘备说："陶谦刚刚去世，无人管领徐州，我是代行管理。现在多亏您来了，理应将徐州让给您掌管啊。"于是将牌印送与吕布。吕布大喜，刚要拿，只见站在刘备身后的关羽、张飞面有怒色。吕布无奈，只好赔笑说："我吕布不过是一个勇夫，有什么能耐作州牧呢？"刘备又让。陈宫说："强宾不压主，我们诚心相投，请您不要怀疑。"刘备这才不让。

　　本例中，刘备再次使用"捭阖"，以让徐州的方式试探吕布是否有夺取徐州的野心，没想到他还真有。由此我们可以看到，熟练地掌握"捭阖"技巧，可以试探对方的真实想法，下面让我们回到现代，看看在职场、生活中该如何使用"捭阖"。

　　在职场中，比如最近要评选先进个人，为了解领导对我们的竞争对手 A 的看法，可先去领导那里询问："领导，您觉得A 怎么样？"领导若是说："A 这人工作太粗心。"这时，我们可以采用"捭阖"的方法，稍微反对领导的观点，对领导讲"我觉得 A 工作很认真啊，您是不是误会他了？"若领导仍坚持认为 A 工作粗心，我们就知道 A 在领导心中确实如此；若领导改变观点，我们便知领导其实还是很看重 A 的。

在日常生活中，也是如此。比如有人叫我们去他家乡玩，有可能是真心邀请，也可能是假意相邀（顺口说说），这时，可以运用"捭阖"的方法，找个理由，稍微推拖一下，看对方是否还叫我们去，若是对方再三邀请，说明是出于真心。

需要特别注意的是，"捭阖"大法虽好，但是使用"捭阖"的时候，是要分场合的。比如说有人约咱们出去打球，为探对方是否真心相邀，就用个"捭阖"试试。其实完全没有必要，打球不就是人多了热闹嘛，凑个数又能如何？另外，在这种场合使用"捭阖"，会让人觉得我们婆婆妈妈，不痛快，以后很可能就不叫咱了。那么，合理使用"捭阖"的场合，一定是重要场合，重要到一旦我们做出了错误的决断，会严重影响到人际关系、公司决策、个人前途、甚至人生命运的场合，回顾上面的三个例子，在"圯桥三进履"中，黄石公使用"捭阖"是为了收徒弟，传兵法，万一误传奸人，则会祸国殃民；而在"三让徐州"中，刘备应用"捭阖"是为了试探陶谦是否真心相让，贸然接受，有可能身首异处；在"刘备让徐州"中，刘备运用"捭阖"是为了试探吕布是否有异心，以免死于吕布之手。这都是关系到国家命运、个人生死的大问题，所以必须慎重。反观打球的问题，使用"捭阖"，还有必要吗？

总之，在"捭阖"之法的使用上，既可以顺着对方的意思，看对方到底能坚持多久，一般而言，坚持越久，诚意就越足，于是就有了"圯桥三进履"、"三顾茅庐"的典故；也可以稍微反对对方的观点，看他是否仍旧坚持己见，如"三让徐州"那样，这样一来二去，总能看出对方的诚意。

通过情绪了解对方——揣情

《鬼谷子》云："揣情者，必以其甚喜之时，往而极其欲也，其有欲也，不能隐其情。必以其甚惧之时，往而极其恶也，其有恶也，不能隐其情。"意思是，若想揣摩对方的心理，要么是在对方特别高兴的时候，说对方喜欢听的话，让对方的快乐达到顶点，然后就能知道对方的真实想法；要么是在对方特别恐惧的时候，运用说话让对方的恐惧到达顶峰，此时就可以掌握对方的内心所想。

正所谓人逢喜事精神爽，在我们高兴的时候，往往看什么都顺眼，别人有求必应，有问必答。可谓是千金散尽还复来，有钱难买爷高兴。回想儿时，考试成绩不理想，回家总要先观察一下家长的脸色，若是恰好父母心情很不错，就算说了，也不会受到什么惩罚，弄不好，还能拿点赏钱，买盒八喜冰淇淋。显然，连孩子都知道，父母高兴的时候，就是他们心理防备最弱的时候，是提要求，逃避惩罚的最佳时机。

　　春秋末期，晋国卿大夫智伯（智氏家族领主），在讨伐卫国回国后，与韩康子（韩氏家族领主）、魏桓子（魏氏家族领主）在蓝台举行宴会，会上智伯戏弄韩康子并侮辱韩氏家臣段规。之后又贪婪地向韩氏、魏氏索取了很多地盘。然而，智伯在向赵襄子（赵氏家族领主）索求地盘时，却遭到拒绝，智伯大怒，联合韩氏、魏氏，三氏攻打赵氏。赵襄子不敌，退守晋阳。

　　智伯久攻不下，引汾水灌晋阳，赵襄子难以坚守，军民病饿交加，十分危急。智伯看见水攻的成效非常好，得意忘形地说："起初，我不知道水可以灭亡他人国土，现在我已知道了。"韩康子、魏桓子两人听闻此语非常恐慌，互使眼色，因为魏氏的安邑城，韩氏的平阳城都有可能是智伯下一个水攻的对象。

　　智伯却毫不在意，满以为大功垂成，韩、魏二氏不足为虑。就在这时，智伯的重要谋士絺（zhǐ）疵（cī）也看出韩康子、魏桓子有异心了，因为胜利在望，应该喜形于色，可这二人竟然面有忧色，于是劝智伯早作防备，智伯却因为他们之前送过地盘，丝毫不怀疑，还把絺疵的话告诉了这两人。

　　后来，赵氏派谋臣张孟谈，前去说服韩、魏两家倒戈，而韩、魏本来就对智伯的飞扬跋扈有所不满，听了张孟谈所言，也害怕自己成为下一个被灭亡的氏族，决定倒戈起事。于是三方密约，决定共同攻灭智氏。

　　最终，韩、魏临阵反水，智伯不敌，惨败于晋阳，智伯的首级被雕刻上漆，做成了酒杯，智氏家族也遭到韩、赵、魏三家的屠杀，两百余族人死于非命。

在这个故事中，韩、魏两家不断地满足智伯的欲望，让智伯膨胀到了极点，致使智伯对他们毫无戒心，还把几处关键信息透露给对方。某种程度上讲，人还是不要太得意的好，一得意，就要忘形。

再想想我国悠久的"酒桌文化"，为什么很多正事要在酒桌上谈？并且还必须有酒？是因为在酒的作用下，大家都会非常开心，人在特别高兴的时候呢，心理又不设防，大家都是哥们，哥们的忙不能不帮啊，于是合同、协议就稀里糊涂地答应了。更重要的是，该说的，不该说的，也都说了。这不正是鬼谷先生所讲的吗？在对方最高兴的时候，就是打探到对方内心的真实想法的时机。

恐惧也是如此。一般而言，一个人若是没有强大的信念支持，在极度恐慌的情况下，必然会激发出强大的生存本能，什么都不管了，只要能活命，咱来者不拒。

在唐朝安史之乱的时候，安禄山打算废长子安庆绪，改立次子安庆恩为太子。安庆绪得知此事，心中惊惧，言怕被杀，于是秘召严庄入宫，二人密谋先下手为强，弑父篡位。但还需安禄山的内侍李猪儿帮助，此事方成，于是严庄密约李猪儿晚间至府上商议。

当晚，李猪儿一到，二人先坐下小酌。三杯酒下肚以后，严庄笑着问道："足下近来又挨了多少鞭子？"看官有所不知，这安禄山生性残暴，视身边左右如猪狗，稍有不适，就施鞭刑，李猪儿自是不在话下。闲话休叙，且说李猪儿愤然道："不要再提此事，我前后所受鞭子，已不计其数，正不知鞭挞到何日是了？"严庄道："莫说足下，即便是大臣，也常遭鞭挞。太子贵为储君，也是屡遭鞭挞。圣人云：君使臣以礼。又道：为人父，止于慈。圣上这般作为，又岂是待臣子之礼？又岂是慈父之道？如今天下尚未平定，万一内外人心离散，则大势已去啊！"李猪儿道："太子还不知道哩！今主上已久怀废长立幼，废嫡（dí）立庶之意，将来的事还难说啊。"严庄道："太子怎会不知道，今天还与我商议此事。我想太子，为人宽厚，若是他能早袭大位，于你我都有好处。不如咱们商量个计划，强迫主上禅位于太子。"李猪儿摇手道："主上天性暴厉，谁敢去说这种话，这事我看勉强不了。"严庄道："如果这样不行，我身为大臣，或者还略有些体面，不至于次次挨鞭子打。你可是内侍，鞭挞还不是家常便饭，只怕哪一天主上喜怒无常，把你杀了。"李猪儿一听，沉吟良久，突然间，拍着胸膛说："人生在世，总是一死，与其无辜被杀，还不如惊天动地做一场，就算是碎尸万段，也还留名后世！"严庄引他说出此言，便鼓掌大笑，说："你若能做此大事，决不至于死，事成之后，还是功臣哩！你的主意已定？"李猪儿道："我意已决，只怕太子顾念父子之情，怎能容我胡作非为？"严庄道："不瞒你说，我已禀过太子了。太子也怕被父亲所杀。交代我：'凡事任凭你们处置。'我想着你肯定与我同心，所以才特地约你前来商议。"李猪儿道："既然如此，事不宜迟，明夜便动手。趁他这两天眼痛，单独入寝，正好动手。只是他常把利刃藏于枕边，明晚我先偷走，则大事可成！"说完，就回去准备了。

第二天夜晚，李猪儿进入安禄山宫帐，成功刺杀安禄山。

此例中，严庄不断地用"鞭刑"、"死亡"等字眼刺激李猪儿，激发出李猪儿的生存本能，迫使他为了活下去，说出了自己最真实的想法。这也正是鬼谷先生所讲的，在对方最为恐惧的时候，获得最真实的信息。

总之，想要运用"揣情"的方法来得到对方内心的真实想法，就需要我们时刻观察对方，当对方特别高兴的时候，我们就再让他高兴高兴，再问问适当的问题，以此得知对方的真实想法。至于在对方恐惧的时候，还是不太建议再去吓他了，毕竟时代不一样了，现在社会和谐，民族团结，真牵扯不到生死的问题。万一吓出点毛病，可就不好了。

第三章
飞箝：这样说服就对了

——说服的套路

　　《鬼谷子》讲："说者，说之也；说之者，资之也。"想要说服别人，就必须给对方提供相应的帮助。又说："言以利动"，指依靠利益驱使，才有说服别人的可能。而在现实生活中，我们的生活由一个个说服和被说服构成，我们不是去说服别人，就会被别人说服。说服几乎成为一个人成功的最重要的能力。想说服别人，除了要谈利益，还有一定的套路。

满足对方需要，别人才会听你的

《鬼谷子》讲："说之者，资之也。"意为，想让别人听我们的，就要说能给对方提供帮助的话。又讲："言利助决。"指在说话过程中，谈利益会促进对方做出决断，以便接受我方观点。正所谓世人好利，乃人之常情。

话说楚王请了当时最伟大的发明家鲁班为他建造攻城器械云梯，用以攻打宋国。墨子向来主张"非攻兼爱"，在听到这个消息之后，立刻前去楚国，劝说鲁班停止工程。墨子说："哥们儿，前两天弟兄在北方叫人给欺负了，咱咽不下这口气。今天就是想找您商量一下，借您的力量，帮我把他给宰了，替孩儿们报仇！"鲁班听了之后就很不高兴。墨子见状，说道："要不这样吧，也不让您白忙活，事成之后，我再给您十斤黄金。"鲁班听后不为所动，说："我的道义，是不杀人。"于是墨子起身行礼，说："我在北方就听说你在造云梯，用它来攻打宋国。

可是宋国有什么罪呢？楚国本来就地广人稀。人少，还去抢地盘，岂不加剧了'地广人稀'？此外，宋国也没得罪楚国，楚国想打谁就打谁，这是不仁义的；而你知道这道理却不向楚三进言，这不是忠臣所为；你刚才不还说自己崇尚仁义不杀人吗？可是你帮助楚国攻打宋国，势必会杀死更多人，你这不是表面一套背后一套吗？"鲁班听后觉得很有道理。然后墨子说："既然这样，你还不赶紧叫弟兄们停工？收拾行李回家。"鲁班也很无奈，说："你说服我没用，没有楚王的命令，谁也不敢停工啊。"于是墨子在鲁班的引见下，见了楚王。

墨子试图劝说鲁班停止工程，所说的内容都是在道义层面，意图帮助鲁班成为道德高尚的人，从这个角度上讲，对鲁班是有好处的。但是从结果上看，墨子说服鲁班了吗？显然没有，工程继续，甚至连鲁班自己都讲"你说服我没有用。'

墨子确实是在"言利"啊，可是鲁班却不听。如此说来，难道是鬼谷先生讲错了吗？大家不要着急，容我先把故事讲完。

回到上面的故事，话说墨子在鲁班的引荐下，拜见了楚王。墨子说："有这么一个人，自己有名牌，不穿，却去抢邻居的地摊货；自己有豪车，不要，而去盗邻居的自行车；有山珍海味，不吃，偏去偷邻居家的粗茶淡饭。请问大王这是怎么样的一个人？"楚王回答说："此人一定是喜欢偷窃。"墨子接着说："现如今，楚国的国土，方圆足有五千里，宋国的土地，方圆不过五百里，这就好比刚才所说的豪车和自行车。楚国有云梦泽，里面的野生动物太多了，是全中国最大的动物园，而宋国呢，别说动物园，连养鸡场都没有，这就好比山珍海味与粗茶淡饭。楚国有巨松、梓（zǐ）树、黄楩（pián）木、楠、樟等名贵木材；宋国连高大的树木都没有，这就像名牌与地摊货相比。我认为大王进攻宋国，与刚才所说之人的行为是一样的。"楚王不以为然，说道："云梯在手，天下我有，拿下宋国，势在必得！"墨子说："既如此，不如咱们来一局吧。"

于是楚王召见鲁班，墨子解下衣带，把衣带当作城墙，用木片当作守城器械。模拟战随即展开……墨子大胜。鲁班输得很惨，但是不服："别以为我治不了你，只是我不说罢了。"墨子回应道："别以为我不知道你想干什么，只是我也不说而已。"楚王听了一头雾水，忙问其中缘故。墨子说："鲁先生的意思，不过是要杀了我。我死以后，宋国没有人能守城，就可以攻取了。不过呢，跟我斗，您还嫩点！我已派学生禽滑厘等三百多人，带着我的守城器械，在宋国城上恭候楚国大军。杀了我墨子，还有后来人！"楚王听后，见不能取胜，说："也罢，我不攻打宋国了。"

在这里，墨子的说服目的已然达到。那么，墨子为什么能够说服楚王？是能言善辩吗？显然不是，否则楚王也不会表现出"我是流氓我怕谁"的态势。墨子之所以能够说服楚王，其真正原因，在于墨子让楚王意识到攻打宋国，是没有好处的；

反之，不攻打宋国，则可以杜绝伤亡，养精蓄锐。因此楚王衡量利弊，最终还是同意了墨子的建议。

于是大家迷惑了，对比这两例，墨子都在"资"（帮助）对方，同是在"言利"，为什么结果会大不相同呢？

其实，鬼谷先生还有一句话要补充，《鬼谷子》言："说者听必合于情，故曰（yuē）情合者听。"意思是说，想要说服对方，就必须满足对方内心的实际需要，符合情理，这样对方才会听从。脱离了对方的实际情况而去试图说服对方，说服是不会取得成功的。

《鬼谷子》所强调的利益，一定是对方认可的利益，反观墨子说服鲁班的不成功，也正体现出了这一点，墨子确实是在"言利"，但在鲁班看来，只是"蝇头小利"，楚王才是他真正的衣食父母，故而导致说服失败。而在楚王那边，则大不相同，楚王本以为能够轻松取胜，攻占宋国，可谓是成本低、收益大，这才是他认可的利益。可是沙盘演示的结果让楚王意识到杀敌一万，自损八千，这买卖太不划算了。在衡量利弊之后，楚王放弃征伐，进而达到了墨子说服目的。所以，说服必须符合对方实际的情况，谈对方最为关注的利益，说服才有成功的可能。

为加深大家的印象，我再举一例。

话说汉高祖刘邦刚刚建立汉朝，匈奴就乘机南下，大举入侵。刘邦大怒，御驾亲征，却被匈奴冒（mò）顿（dú）单（chán）于率领的四十万精锐骑兵重重包围在白登山。时值天气严寒，连日大雪，众将士们都冻得手脚发僵。围困的第3天，粮食吃光，饥寒交迫。被围的第7天，刘邦坐不住了，与其等死，不如战死，打算跟匈奴拼了。陈平赶紧劝阻，说："我主莫慌，臣有妙计。"原来，陈平看到冒顿单于对新得的阏（yān）氏（zhī）十分宠爱，朝夕不离。于是，乘雾下山，去见阏氏。阏氏听说有汉军的使者，就悄悄地走到帐篷外面，屏退了左右，召见陈平。陈平向阏氏献上了许多的金银珠宝，陈平说："汉帝被单于包围，非常愿意罢兵言和。这些金银珠宝就是献给单于的，如果单于还是不愿意退兵，我们就把国中的第一美人献给单于。"说罢，陈平取出一幅画卷，交给阏氏，阏氏展开图画，只见画上绘着一个绝色的美女。阏氏说道："退兵的事情交给我了，画上的女子万万不可献给单于。你赶快拿回去吧！"陈平说："如果您能解得了我们的围，情愿再给您多送些金银珠宝。"阏氏说："请你回去告诉汉帝，尽管放心好了。"

阏氏细想，如果汉帝不能突围，就会把美女献给单于，那时我就被杀了（冒顿单于曾亲手杀死自己的妻子、父亲）。于是，她回到后营，就对单于说："军中得到消息说，汉朝有几十万大军前来救援，只怕明天就会赶到了。"单于问："有这样的事？"阏氏回答说："汉、匈两主不应该互相逼迫得太厉害，现在汉朝皇帝被困在山上，汉人怎么肯就此罢休？自然会拼命相救的。就算你打败了汉人，夺取了他们的城地，也可能会因水土不服，无法长住。万一灭不了汉帝，等救兵一到，内外夹攻，那样我们就不能共享安乐了。"

　　说到这里，阏氏泪如雨下，呜咽得连话都说不出来了。单于一时也不知怎么办才好了，于是问："那怎么办呢？"阏氏说："汉帝被围了7天，军中没有什么慌乱，想必是有神灵在相助，虽有危险但最终会平安无事。你又何必违背天命，非得将他赶尽杀绝呢？不如放他一条生路，以免以后有什么灾难降临到咱们头上。"单于将信将疑，又怕惹阏氏不高兴，便在第二天，传令把围兵撤走了。陈平用这一妙计，使匈奴退兵，刘邦逃出重围，一场大难消于无形之中。

　　保命要紧，人之常情。陈平也正是利用了阏氏的实际情况，围绕着她的切身利益展开说服，才得以令匈奴退兵，从而保全了汉朝，可谓功不可没。

　　因此，当我们试图去说服别人的时候，一定要先了解对方的实际情况，知晓对方的切身利益，然后再围绕着对方利益进行说服，否则，还是不要开口。

说服讲技巧，不能硬碰硬

《鬼谷子》说："欲说者务稳度。"讲的是，想要说服对方，一定要掌握尺度，意在求稳。换句话说，就算说服不成功，对方也不会怨恨我们，这就是求稳的重要性了。

可是在现实中，很多人说话可不管这些，喜欢单刀直入，大杀四方。只图一时痛快，杀敌一万，自损八千，他们秉持着"进攻是最好的防守"的理念，勇往直前，正如鲁迅先生所言——真的猛士，敢于直面惨淡的人生，敢于正视淋漓的鲜血。然后，他们就再也没有回来……正所谓风萧萧兮易水寒，壮士一去兮不复还！

夏朝末年，大夫关龙逢（páng）对于夏桀（jié）的暴行，实在看不下去了，于是，他屡次向夏桀进谏，要求夏桀关心百姓和国家，说："作为人君，你要谦恭待人，对人臣要互相敬信，要爱护人才。只有这样天下才能安定，社稷宗庙才会稳固。

像你这样，赶走自己的宗族，辱没自己的旧臣，轻其贤良，丢弃礼义，用财无度，杀人无数，老百姓都想让你早点灭亡。人心已去，老天也不会保佑你，这样很快就会亡国的。"但夏桀根本听不进去。

经过长期思考后，关龙逢决定献黄图，进行死谏。黄图，是一种关于地舆、陵庙、宫观、明堂等事的图画，借此说明当前有亡国的可能，形势甚是危急。他到夏桀居住的王宫，夏桀正不知廉耻地和妹喜寻欢作乐，准备作长夜之饮。关龙逢献了黄图，说明来意，故意立而不去。夏桀看到关龙逢的样子，很是不耐烦地说："你又在这里妖言惑众，快下去吧！"关龙逢怒目而视，站着一动不动。夏桀早就对这个絮絮叨叨，净说不中听话的关龙逢厌烦极了，便什么也不说拿起黄图烧毁了。接着喊来侍卫把关龙逢囚禁起来，不久便把他杀了。

夏桀杀害了关龙逢，更加肆无忌惮，再也没人敢犯颜进谏。这时居住在东方的商民族日益兴盛起来，首领商汤在谋臣伊尹的辅佐下，率师讨伐夏桀。夏桀的军队不堪一击，在鸣条（今长垣县西南）一战便彻底溃败了。夏桀逃奔安徽南巢，死于亭山，夏朝从此灭亡。

死谏，即以死相谏，其模式类似于"你要是不听，俺老孙就不走了"。是一种简单暴力的说话方式。不讲任何手段方法，也不管对方爱不爱听，直击要害。只是此法过于刚猛，犹如《倚天屠龙记》中的"七伤拳"，伤人先伤己。而遗憾的是，使用者往往先重伤了自己，却没打到对方，未免有些得不偿失。一般而言，在史书中，当出现了"某某死谏"、"某某强谏"的字样时，后面的结局基本能猜到，轻者流放千里，重者身首异处。

显然，以"进攻是最好的防守"的方式说话，这样的路子是行不通的。但是，在古代，臣子看到国君作出了危害国家利益的决策而不去劝阻，这就是不忠的表现；而在现代，企业中的员工看到老板采取了一些不合理的行为时，不去劝阻老板，这没有尽到一位员工应尽的义务。那么，我们该如何"进攻"呢？

话说在春秋战国时期，有一匹马，楚庄王非常喜欢它，经常给它穿上绫罗绸缎，把它安置在华丽的宫殿里，专门给它准备了一张床作卧席，拿蜜饯来喂养它。马终日养尊处优，肥胖得不得了，没过多久，就生病死了。楚庄王非常伤心，命令大臣为死马治丧，准备依照大夫的葬礼规格来安葬它。楚庄王身边的大臣觉得这事太过分，这不是人兽不分吗？于是纷纷劝谏楚庄王。楚庄王大怒，下令说："谁再敢为葬马的事进谏，格杀勿论！"

优孟听说了，就走进宫殿大门，仰天大哭，一把鼻涕一把泪的。楚庄王很吃惊，问他为什么哭得这么厉害。优孟哭着说："这匹宝马是大王的心爱之物，理应厚葬。堂堂楚国，地大物博，国富民强，还有什么要求办不到？大王却只用大夫的规格安葬它，太对不起它了。我建议用君王的标准来安葬它。"

楚庄王问："依你的意思，怎么办好呢？"

优孟回答："用雕刻的美玉做棺材，用最上等的梓木做外椁（guǒ），拿樟木等贵重木材作装饰，再派几千名士兵挖掘坟墓，老人和孩子背土筑坟，然后，让齐国和赵国的使节在前面陪祭，韩国和魏国的使节在后面护卫。安葬完毕之后，再为它建立祠庙，用猪、牛、羊各一千头的太牢礼来祭祀它，并且安排一个一万户的城邑进行供奉。诸侯各国如果听说大王这样厚待马匹，肯定会影响深远，都会知道大王把人看得很低贱，却把马看得很重。"

楚庄王恍然大悟，说道："哎呀！我怎么竟然错到这种地步！现在该怎么办呢？"

优孟说："请让我用对待六畜的方式来埋葬它。用土灶做外椁，用铜锅做棺材，用姜和枣来调味，再加进木兰，用稻草作祭品，火光做衣服，把它埋葬在人们的肠胃里。"

楚庄王同意，于是就派人把马交给主管膳食的太官，并且告诫大臣们，让他们不要声张楚庄王原先的打算。

在上例中，楚庄王已有明令在先：谁再敢为葬马的事进谏，格杀勿论！优孟深知这一点，于是他先顺着楚庄王的意思，紧接着推出了非常荒谬的结论，让楚庄王都难以接受，最终取得了成功。

总之，当我们试图去说服别人的时候，应尽量避免"正面交锋"，以免拼个"你死我活"。与此同时，先顺从对方的想法，这样就不会让对方一开始心生反感，有继续听下去的意愿，如此一来，说服就算成功了一半。

事有"阴阳"之分，说话也要讲"阴阳"

《鬼谷子》言："故言长生、安乐、富贵、尊荣、显名、爱好、财利、得意、喜欲，为'阳'，曰'始'；故言死亡、忧患、贫贱、苦辱、弃损、亡利、失意、有害、刑戮、诛罚，为'阴'，曰'终'。诸言法阳之类者，皆曰'始'，言善以始其事；诸言法阴之类者，皆曰'终'，言恶以终其谋。"意思是说：长生、安乐、富贵、尊荣、显名、爱好、财利、得意、喜欲等，都是"阳"，称为"开始"；而死亡、忧患、贫贱、苦辱、弃损、亡利、失意、有害、刑戮、诛罚等，都是"阴"，称为"终止"。凡是遵循"阳"的一类事物，都可以称为"开始"，谈论事物的好处可以促进对方采取行动；凡是遵循"阴"的一类事物，都可以称为"终止"，谈论事物的坏处则会终止对方的计划。

简单来说，就是在说服的时候，我们讲事情的积极方面，会促使对方采取相应行动；说事情的消极一面，可以阻止对方实施计划。

"阴阳"真能用于说服吗？我们先看看苏秦的故事。

战国时期，苏秦前去拜见燕文侯，说："大王国家强盛，兵多将广，粮食充足，还这么有钱，真是天府雄国！近几年都没有战争，国家和平发展，百姓安居乐业，新闻上也看不到全军覆没、将领被杀这样糟心的事。大王您知道为什么会这样吗？"燕文侯显然不知，萌萌地望着苏秦。苏秦见状，说道："燕国不遭受战争的原因，其实是因为有赵国在南面作屏障。秦国和赵国之前发生了五次战争，秦国两胜而赵国三胜。秦国和赵国打的是昏天黑地，而大王却在后面舒舒服服。这不正是燕国不受侵犯的缘故吗？万一秦国吃错药了，要攻打燕国，那可是要翻山越岭，长途跋涉几千里，历经千辛万苦才能到这里啊！即使秦国能攻下燕国的城池，也知道根本没有办法占领它，孤军深入的危险谁都懂，显然秦国是不可能侵犯燕国的。那么，倘若赵国攻打燕国，情况就太不妙了，一支穿云箭，千军万马来相见！不出十天，数十万大军就能开到你家门口！因此说秦国攻打燕国，是翻山越岭，千里之外；而赵国攻打燕国，则近在咫尺，说来就来。大王您现在实施的策略，其实是不担心百里之内的祸患而看重千里以外的战事，这是策略上的严重失误，后果是不堪设想的。因此建议大王您与赵国联盟，那么从此以后，燕国就可以高枕无忧了。"

燕文侯听后，心想：乖乖，这可了不得！俺的国家这么弱小，周边邻居赵国和齐国可都不是好惹的。于是答应了苏秦的请求，并赠予苏秦豪车和金钱，派他出使赵国，促使燕赵联盟。

苏秦在游说燕王的时候，先说了燕国的优势，这是属于"阳"的，然后分析了燕王对外策略上的失误，这是"阴"的方面，最后为燕王献计献策，又回到了"阳"，让燕王意识到了问题所在，最终答应了苏秦的建议。试想一下，若是苏秦先直言燕王的外交策略是如何失败，会让燕王觉得你小子是不是来找茬的，进而导致游说失败。

那么，让我们回到现实生活中。比如学生家长为子女找老师补习功课，辅导老师 A 看了一下成绩，说"这孩子语文没学好，数学没学好，基础太差（阴），不过您放心，在我这补习，保证考上重点大学！（阳）"辅导老师 B 说："这孩子很聪明，极有天分（阳），只是平时有些贪玩，学习方法不太正确，导致基础薄弱，成绩不理想（阴）。不过没关系，以他的聪明才智，再加上我的辅导，考个重点大学没问题（阳）！"这两位辅导老师，其实内容都差不多，您会选哪个？

我相信大部分人会选择辅导老师 B。原因就在于 A 一开始把孩子说得一无是处，让家长觉得不爽！说话顺序是从"阴"到"阳"；而 B 是先"阳"后"阴"，最后到"阳"，让家长听得如沐春风。

再比如说，对比一下这三种表白，大家觉得哪个会更好呢？

A：虽然你有些蠢（阴），但是我喜欢你（阳）。

B：我喜欢你（阳），虽然你有些蠢（阴）。

C：你是我见过的最漂亮的女生（阳），虽然有些蠢（阴），但是我喜欢你（阳）。

相信列位看官都会选择 C，原因在于说话内容以积极开始，对方会比较开心，有继续往下听的兴致，再说消极方面会比较容易接受，最后说积极方面会锦上添花；而只说积极方面会有拍马屁的嫌疑；说完积极方面，再说消极方面，会让人觉得重点在后面，指责多过褒奖，心中会有不快；先说消极方面则会让人没有兴趣往下接着听。

所以，在一般情况下，建议说服的顺序为：先"阳"后"阴"，最后转为"阳"。当然，这仅是在通常情况。而面对特殊场合、特殊对象，"阴阳"的使用并不局限于此。

东汉末年，袁术欲与吕布联姻，醉翁之意不在酒，意在联姻之后，除掉刘备。陈珪（guī）得知此事，知道刘备有性命之忧，于是带病来见吕布。

吕布说："老先生前来，不知有何见教？"陈珪说："听说将军死期将至，特来吊丧！"吕布大惊，问道："何出此言？"陈珪说："之前袁术送你黄金，意欲杀掉刘备，而你拿了人家钱财，却以辕门射戟，救了刘备；现今袁术又来求亲，无非是想以你的女儿作为人质，随后派兵来打刘备，以取小沛。刘备灭亡，则小沛归于袁术，从此徐州无险可守，岂不是危在旦夕？况且你们结成儿女亲家，袁术要么借粮、要么借兵，你若答应，则疲于奔命，又结怨于人；如若不允，则置女儿安危于不顾。

近来听说袁术有称帝之意，这是造反啊。他若是造反，你就是反贼的亲戚，天下又岂能容你啊！"吕布大惊，说道："陈宫险些坏我大事啊！（陈宫极力赞成袁吕联姻）"急忙命张辽带兵，快马加鞭，追赶至三十里之外，才将女儿抢回来。

陈珪的说服，从"阴阳"的角度来看，全部是"阴"，一般而言，这样的说服是难以成功的。但是，说服对象可是吕布，这就不一样了。吕布贪生怕死可是出了名的。由于"阴"的性质，致使陈珪轻而易举地吓住了吕布。顺便多说一句，倘若吕布与袁术联姻，至少不会灭亡得如此迅速。

总之，在说服中使用"阴阳"，其顺序并非一成不变，我们需要根据实际情况，来决定是以"阳"开头，还是以"阴"开头，以及是否有必要"阴阳转化"。但是无论如何，我们都要记住"阴阳"各自所具有的不同属性，"阳"为事情的积极一面，说"阳"可以让对方愉悦，促进对方采取行动；"阴"为事情的消极一面，谈"阴"可以让对方沮丧，甚至恐惧，以此阻止对方实施计划。

做不出这道题，就别想说服别人

《鬼谷子》云："内者，进说辞也；揵（jiàn）者，揵所谋也。"意为"内"指的是通过说辞深入人心，"揵"指借助谋略融入人心。说辞与建议必须紧密结合，缺一不可。这种方法，鬼谷先生称为"内揵"。

在说服中，我们往往会遇到类似问题：有时是因为给出的建议不中肯，被对方拒绝；有时虽然建议中肯，但是没说到点子上，对方听得不舒服，拒绝。

简单来说，就好比推销，推销员的口才是"说辞"，而所推销的产品，是"建议"。推销员口才再好，所推销的产品对顾客完全没用，顾客是不会购买的；同样，推销的产品再好，如果推销员无法通过口才来让顾客清晰地认识到，那么也不会有人购买。

林方生是台湾保险业的一位推销员。刚开始出去推销保险时，他刚向客户说明来意，客户就说："我没有兴趣！不过只要时间不太长，你可以说说看。"

"只要三分钟时间就够了。我的建议是，疾病死亡是赔二十万元，意外死亡是四十万，医药费用二万元，将来期满可领二十万元！"林方生满头大汗地解释道。"这些我都不需要！"客户说完，就低头忙自己的事。林方生呆在那里，不知该说些什么。突然他冒出一句话："如果发生什么事情，你的家人有没有什么保障？"顾客停下手中的活，询问了一些保险方面的问题。当然，这笔交易林方生没有做成，因为他的专业知识太贫乏了，而且所谈的保险话题也不中听。保险是无形的商品，要让顾客一眼就觉察出它的价值，绝不是一件容易的事。但这正是富有挑战性的一面。

林方生有一位客户，是一位社会工作者，谈到保险和理赔，他是一点兴趣也没有，他一心投入社会工作，对赚钱或储蓄的欲望不高。

"最近向国外申请的一笔基金一直下不来，这对我们残疾人教育推广的计划实在影响极大！"在一次偶然的交谈中，客户谈到了最近的苦恼，林方生突然灵机一动："周先生，社会工作面临的最大困难是财务方面，对不对？其实，保险就是一项社会福利，只是把社会工作企业化经营而已，如果残疾人每个人都有一大笔钱能解决他们的生活问题，那么他们自然能够再学习、再教育了，不是吗？"这番话吸引住了客户的注意，林方生第一次为他展示了建议书，周先生同意考虑这个计划。

第二天，林方生再去看他，周先生说这个计划很不错，但因为再过三个星期他就要到韩国、日本考察，所以等回国后再办。林方生一颗盼望的心被浇了一盆冷水，可是他又希望顾客能早一点投保。

"周先生，是这样，你早一天办，早一天得到保障，对你的家庭不是更好吗？"

"可是，我现在需要准备一些钱出国，两年的保险费也要十几万呀！"他面有难色，也说出了他的困难。

"周先生，我知道你的困难，但是你有没有想到，出国考察的这两个月是你一生中危险性比较大的时候？如果你现在办，可以提前两个月得到保障，也使你能安心出国。这样吧，你先缴这一季度的保费，等回国后再把余额缴完，如何？"

"喔，可以先缴一部分？"他非常兴奋。林方生向周先生算了一下保费，也填好了安保书，顾客要林方生第二天上午十点去收钱。

第二天，林方生排完了拜访计划，可是，九点十分他突然接到周先生的电话：

"昨天我回家同妻子商量，她还是认为回国后再办，为了这件事，我们吵了架，我实在很抱歉，等我回国后再说吧！"

林方生心中一愣，但还是抑制住慌乱的情绪。

"这样吧，我现在就过去，我们当面谈谈！"林方生没等顾客回答，就把电话挂了。一进入办公室，周先生就给了林方生一个苦笑。

"不好意思了，答应你的事又……"

"不要这么说，我也觉得不好意思，害得你们夫妻吵嘴，我知道你是很尊重妻子的，不过，你知不知道，这份保险除了为你妻子买以外，更是为你三个孩子买的？"

"我知道，可是我没办法呀！"

"周先生，其实有件事你忽略了，你只考虑到你妻子的看法，你有没有考虑到你三个孩子的看法，你也忽略了你自己的愿望，你不是说过你要全力栽培你的小孩吗？这一点钱也不会影响你出国呀！"

周先生犹豫了一下，然后露出了坚定、充满自信的微笑："好吧，现在就办！"这时，林方生反而担心了："那你妻子那边……"周先生摆出一家之主的架势："没关系，先斩后奏。"于是，他从抽屉里抽出一沓钞票，缴了第一季度的保费。

之前林先生的推销模式是"先生，您好！我这里有XXX，XXX高端大气上档次，很适合您的气质。"升级之后的模式是"先生，您好！请问您遇到了什么麻烦？XXX恰好能解决您的问题。"接下来，周先生的需求是不想一次交两年。林先生则满足他的需求，可以先交一个季度；再后来，周先生遇到的问题是老婆不同意，林先生则做了一个转换——你要为孩子着想，最终促使周先生买了保险。总的来说，林先生总是在不断地转换，以此来配合顾客的实际需求，并且适度转变说辞来满足客户，最终促使客户购买保险，体现出了"内"与"捷"的相结合。

　　在教育子女的问题上，父母都知道给孩子提什么样的建议，比如多看书，少玩游戏，可是单纯的说教往往会令孩子感到厌恶，说了跟没说一样。因此问题出在了说辞上，下面我们就来看看，父母应该怎样组织说辞。

　　斯坦福大学的彼得·迈尔斯教授回忆：当泰勒（彼得·迈尔斯教授之子）读高三的时候，一天，他走下楼梯，肩上背着电吉他，宣布他决定不上大学了。他打算在接下来的几年时间里跟我们住在一起，同时培养他对重金属音乐的兴趣。我（彼得·迈尔斯教授，下同）的妻子转过身对我说："好吧，沟通先生，你上楼去跟泰勒谈谈，做你擅长的事吧。"

　　我知道自己可以说出 25 个恰当的理由劝他上大学，但是我也清楚在我说出 5 个理由之前，他已经不耐烦了。我应该抓紧时间拟定一个策略。因此，我确定了我的目标结果：谈话结束时，泰勒将会重新考虑关于是否上大学的决定。他需要知道些什么？（1）无论他是怎么想的，我都得对他的成功负责；（2）他心目中的英雄，像吉米·亨德里克斯、埃里克·克莱普顿、卡洛斯·桑塔纳，这些人能够获得巨大成功并不是因为他们都能够演奏其他人的音乐，而是因为他们可以自己谱写曲子；（3）在大学，他能学会如何谱写自己的曲子。泰勒需要感受到什么？（1）担心如果自己不上大学，就可能与机会擦肩而过。（2）对新的可能性感到兴奋。然后，我找到了关联性。为什么泰勒会在乎我说的内容？因为他想成为一名成功的音乐人，他想挣钱，他想过一种积极的社交生活。我明确了自己的观点：如果你想成为一名成功的音乐人，你就要学会谱写自己的乐曲……

谈话进行得很顺利，故事的结局如何呢？现在泰勒已经是一所医科大学大学四年级学生，平均成绩达到了 4.0。

根据上例，我们可以把它当做是一道证明题，根据情况，先把题目写出来：已知泰勒想学重金属音乐，求证，泰勒要去上大学。

证明：

∵[1]泰勒的偶像取得成功是因为他们自己会谱写曲子

又∵上大学才能学会谱写曲子

∴泰勒想成为一名成功的重金属音乐人，就必须先上大学

在做题的思路上，关键点在于，既要满足泰勒学重金属音乐的诉求，又要让他去上大学。因此，要寻求二者的平衡点，让泰勒知道二者并不冲突，而且上大学还会锦上添花，这样的说服才能成功。需要特别注意的是，前面我们也讲过，如果说服脱离了对方的实际需要，是不会成功。因此，必须在保证对方需要的前提下，围绕着我们的说服目的，寻找二者的平衡点。

然而，在某些情况下，比如孩子的需求是玩手机，父母要说服孩子不玩手机。对方所表现出诉求，与我们的建议刚好相反。这种时候，我们该如何说服呢？

---

1 ∵，表示"因为"；∴，表示"所以"。

春秋战国时期，赵太后刚刚掌权，秦国就派兵攻打赵国。赵国向齐国求救。齐国要求：一定要长安君（赵太后之子）作为人质，才肯出兵。赵太后坚决不同意。大臣们极力劝说。太后对群臣说："有谁再敢提及此事，我一定当面吐他口水！"众臣无语。

左师[1]触龙要求拜见太后。太后气冲冲地等着他。触龙说："老臣的腿脚不方便，竟不能快跑。又怕太后的贵体欠安，所以前来拜见太后。"太后说："我也是腿脚不好，要靠轮椅行动。"触龙说："太后每天的饮食如何？"太后说："每天喝点粥罢了。"触龙说："老臣近来也不想吃饭，于是强迫自己散步，每天走三四里，稍微增加了喜欢吃的食物，身体也舒适些了。"太后说："我还不能去散步。"

触龙见太后脸色缓和，说："老臣的儿子舒祺，年龄最小，也最不成器，可是臣年事已高，又最疼爱他，希望您能让他充当侍卫，保卫王宫。臣冒死前来求您！"太后说："我答应你！孩子年龄多大了？"触龙答道："十五岁了。虽然小，但是想趁我未死之前，托付给您。"太后说："男人也疼爱儿子吗？"触龙答道："比女人爱得更厉害。"太后笑道："女人爱得才特别厉害。"触龙说："老臣以为太后爱燕后（赵太后之女）超过爱长安君。"太后说："你错了，不像爱长安君那样厉害。"

---

1 左师：春秋战国时，宋、赵等国官制有左师、右师，为掌实权的执政官。

触龙说："父母爱子女，就要为他们考虑得长远。太后送燕后出嫁时，还为她流泪，惦念她的远嫁。送走以后，每逢佳节您都会为她祈祷，希望她的子孙相继为王，这不是长久考虑吗？"太后说："果真如此。"

触龙问道："往上推三代，赵王的子孙凡是被封侯的，他们的继承人还有在侯位的吗？"太后说："没有。"触龙又问："其他诸侯国，子孙被封侯的，其继承人有在侯位的吗？"太后说："我没有听说过。"触龙说："这些被封侯的人，近的祸及于自身，远的祸及子孙。根本的原因是他们身居高位却没有功劳。现在太后让长安君的地位尊贵，却不趁您健在时，让他有功于国，一旦您驾崩了，长安君凭什么在赵国立身呢？所以老臣认为太后为长安君考虑得太短浅，您对他的爱不如燕后。"太后说："您说得对。任凭您处置吧！"

于是长安君到齐国去作人质，齐国才出兵。

依照上例，我们还是先把题目写出来：已知太后不想让儿子作人质，求证，太后想要儿子作人质。我和我的小伙伴们惊呆了！这是什么题目？显然证不出个所以然，于是我们就要分析，太后不想让儿子作人质的真正原因是什么？触龙告诉我们是爱，因为爱，所以才不让他受伤害。

现在，题目变为：已知太后爱儿子，求证，太后想要儿子作人质。

证明：

∵父母爱子女，就会为他们做长远考虑

又∵太后为女儿做长远考虑

∴太后爱女儿

∵太后没为长安君做长远打算

∴太后爱女儿胜于爱儿子

∴太后若想表明爱儿子胜于爱女儿，就要让儿子去作人质

此例中，表面上看，太后的诉求与触龙的建议背道而驰，其实太后的诉求背后，隐藏着更为深层的原因，这就是爱！因此，当我们遇到类似的情况，不能只看表面现象，这样题就做不出来了，而是去寻找背后的真正原因。

总之，我们若是想说服别人，不妨参考这种模式去做，如同做题一般，写清楚前提和结论，考虑二者如何契合。比如孩子太胖了，想劝他减肥，而孩子的梦想是当明星，那么父母可以语重心长地对孩子讲："想当明星，这很好，爸爸挺你。但是你也知道，并不是所有人都能当明星啊，你看他们哪一个不是身材匀称、体型健美？所以，想当大明星，咱先把身体练上去，一会儿跟爸爸踢球去。"

把握时机，让对方亮出底牌

《鬼谷子》讲："微摩之以其所欲，测而探之，内符必应；其所应也，必有为之。"指顺着对方的欲望而巧妙地试探对方，对方的内心想法一定会以相应的形式表现出来；一旦对方有所回应，我们就可以采取行动。

一般而言，在说服中，我们往往只关注于说辞，却忽略一个关键性问题——说服的时机。就拿谈对象来说，表白是非常讲究时机的，无论你讲得多么煽情，表白过早或过晚，都会闹得分道扬镳的结局。所以，依照鬼谷先生的意思，简单来说，就是不要过早表明我们的说服意图，先顺着对方的意思聊，让子弹飞一会，直到对方有所回应（我们期待的回应），才算是时机成熟，方能进行说服。

我们先看看在《水浒传》中，智多星吴用是如何说服阮氏三雄入伙的。

酒过三巡，阮小五问道："教授（吴用）找我们有什么事？"阮小二道："教授要十几条金色鲤鱼，每条都要重达十四五斤，特来寻我们。"阮小七道："若是以前，别说十几条，几十条我们兄弟都办得到。现如今，十斤的也难啊！"吴用问道："到底怎么回事呢？"阮小二说："实不相瞒，只有梁山泊才有这么大的鱼。"吴用问道："你们为何不去梁山泊打鱼呢？"阮小七说："教授有所不知，现如今这梁山泊已被强人所占，不许打鱼。绝了我们的饭碗，一言难尽啊！"阮小五叹道："这伙强盗天不怕地不怕，大块吃肉，大口喝酒，如何不快活？我们弟兄三个，空有一身本事，怎能学得了他们？"阮小七续道："我们只管打鱼营生，学得他们过一日也好！"吴用道："这等人学他做甚！倘若被官府拿住，就不好了。"阮小二道："如今官府有用吗？犯了弥天大罪的倒还没事！我兄弟们不能快活，若有人肯带挈我们的，我们就跟他走。"阮小五道："我也常常这么想。"吴用道："假如有识你们的，你们便去？"阮小七道："若有识我们的，刀山火海，万死不辞。"

吴用道："小生愚见，你们何不去梁山入伙，共享富贵？"阮小二道："我弟兄们本打算去那的。听说首领王伦心地狭窄，容不得人，前番林冲入伙，受尽了他的气。因此，考虑再三，我们就没去。"阮小五道："王伦若有教授待我们的情分，我们早就去了，便是替他死也甘心！"吴用见他们说出这句，时机已然成熟，于是将劫生辰纲的事说与他们，最终成功说服阮氏三雄加入。

　　试想一下，若是吴用一开始就说小生送一场富贵与你们，阮氏兄弟未必敢要。万一不答应，再想说服他们，就很难了。俗话说，开弓没有回头箭，过早表明说服意图，对方同意与不同意，也就一锤定音了，因此，必须在说服之前，确定有十成的把握，方能开口。这也就意味着，在对方同意之前，要做很长的铺垫。下面我们再来看看，这个铺垫到底怎么做。

　　所谓的铺垫，无非是闲谈而已，目的是让对方放松警惕，在不知不觉中，表明自己的态度。但是作为铺垫的闲谈，一定要有目的性，不能东家长李家短。结合上例，劫生辰纲，图的就是一场富贵，因此闲谈主题离不开"富贵"二字，阮氏兄弟自幼家贫，现又断了财路，于是，吴用针对这一点，不断地刺激他们，让他们深感英雄无用武之地，最终表明希望跟随吴用。

　　东汉末年，董卓专权，朝政混乱，司徒王允为剪除国贼董卓，巧施连环计：先把貂蝉暗地里许给吕布，再明把貂蝉献给董卓。貂蝉周旋于此二人之间，让他们互相猜忌。

　　却说董卓下令还郿（méi）坞，百官拜送。貂蝉遥望吕布，虚掩其面，仿佛在痛哭流涕。吕布见车远去，叹息痛恨不已，忽闻背后一人问道："温侯（吕布）为何不随太师（董卓）同往，反而在此遥望叹息呢？"吕布回头一看，原来是司徒王允。王允说："老夫近日偶感风寒，闭门不出，所以好久没能和将军见上一面。现今太师驾归郿坞，只得带病相送，却在此巧遇将军。

请问将军，为何在此长叹不息？"吕布说："还不是为了你的义女貂蝉。"王允假装大吃一惊，问道："太师这么久还没有许配给将军吗？"吕布说："已被老贼霸占很久了。"王允说："不可能，太师绝不是这样的人！"吕布便将事情经过一一告诉了王允。王允听后，呆若木鸡，过了好久，才说道："老夫万万没想到，太师竟会做出如此兽行！"接着，拉住吕布的手说："来我家一叙吧。"

且说王允将吕布邀入密室，置酒款待。吕布又将凤仪亭的遭遇，说与王允听。王允说："太师淫吾之女，夺将军之妻，必遭天下人耻笑。天下人不是笑话董太师，乃是笑话咱俩啊！我年事已高，被嘲笑也不足为道；可惜将军盖世英雄，亦受此侮辱啊！"吕布听后，怒气冲天，拍案咆哮。王允急忙止住，说："老夫失语，将军息怒。"吕布说："我誓杀老贼，以雪前耻！"王允连忙按住吕布之口，说："将军不要再说了，会连累到老夫的。"吕布说："大丈夫生于天地之间，岂能久居人下！"王允说："以将军之才，恐怕董太师也奈何不了。"吕布说："我欲杀老贼，奈何我们有父子之情，恐惹后人议论。"王允微笑说："将军自姓吕，太师自姓董。凤仪亭，董太师掷戟欲杀你之时，哪有什么父子之情？"吕布昂然道："多亏司徒之言，险些误了我的大事！"王允见吕布意向坚定，时机成熟，才说道："将军若扶汉室，是忠臣，青史传名，流芳百世；将军若助董卓，可是反贼，载之史笔，遗臭万年。"吕布说："我意已决！"王允说："就怕大事不成，反招大祸。"吕布拔刀，割腕为誓。

王允叹道："汉室不衰，皆为将军之赐。此事切勿泄漏！事成之后，自当相报。"吕布允诺而去。

此例中，王允也没有一开始就表明刺杀董卓的意图，而是利用吕布的愤怒和无奈，做了长长的铺垫，让吕布自己说出"誓杀老贼"。然后消除吕布的种种疑虑，最后说服成功。

最后，总结一下，我们该如何把握说服时机：

首先，在上述两例中，所做的铺垫，都要时刻围绕说服目的而展开，并且采取提问的方式，让对方娓娓道来，直到表明心意。

其次，一旦对方表明心意，且与我们的说服目的相符，就意味着时机已然成熟，这时候，我们就可以进行说服了；若是不符，说明时机尚未成熟，此时千万不可强行说服，这就好比在表白的时候，对方明明就没看上咱们，咱们强行表白，只会以失败告终。因此，针对这种情况，只能暂时放弃。

总之，说服好比打牌，我们先通过疑问的方式，让对方不停地出牌，直到对方亮出底牌，若是花色、大小与我们的相符，我们再亮出底牌，否则，打死也不亮。

激将法——谁说老虎屁股摸不得

《鬼谷子》说："其摩者，有以平，有以正，有以喜，有以怒，有以名，有以行，有以廉，有以信，有以利，有以卑。"讲的是，在实施"摩意"的时候，有用平静的言语劝说，有用正义诘难的，有用娱乐讨好的，有用愤怒激励的，有用名声威吓的，有用行动逼迫的，有用廉洁感化的，有用信誉说服的，有用利益诱惑的，有用谦卑夺取的。从中我们可以看出，"摩意"作为说服方式的一种，有"平"、"正"、"喜"、"怒"、"名"、"行"、"廉"、"信"、"利"、"卑"十种方式。本节重点讲述如何利用"怒"，达到说服别人的目的。

愤怒的人，行动往往不过脑子，意气用事。这种情况下，前去说服，无异于是虎口拔牙，火中取栗。可是，有的时候，还真需要对方翻脸，不翻脸这事还办不成。你说这不是玩火吗？历史上最会玩火的人，当属诸葛亮了。

东汉末年，赤壁之战前夕，诸葛亮前来劝说周瑜联刘抗曹。鲁肃先问周瑜："今曹操南侵，是战是降，主公孙权就听将军的了，你的意思怎么办？"周瑜说："曹操借天子之名，且又势大，不可轻敌。战则必败，降则易安。我已拿定主意，明日见了主公，便请派人纳降。"鲁肃大吃一惊说："这话错了。江东基业已经历三世，怎么能轻易弃给他人。孙策将军临终遗言，外事托付将军。今正要靠将军保全国家。而今，将军怎么能听从那些懦夫的语言？"周瑜说："江东六郡，生灵无限，如果因战争而遭兵戎之祸，必然归怨于我，所以决计请降。"二人互相争辩，诸葛亮只是在旁冷笑。

周瑜看到诸葛亮这个态度，便问："先生何故冷笑不止？"诸葛亮说："我不笑别人，只笑鲁肃不识时务。"鲁肃急了："先生怎么反倒笑我不识时务？"诸葛亮说："周瑜主张投降曹操，甚是合理。曹操极善于用兵，天下无人能当。过去只有吕布、袁绍、袁术、刘表敢与他为敌，现在这几人都已被曹操消灭，天下已经无人啦！只有个刘备不识时务，强与曹操争衡，弄得现在孤身在江夏，存亡未保。周将军决计投降，可以保住妻子，保全富贵。至于江山易主，国家安危，由它去吧，有什么可惜的！"鲁肃从刘备处把诸葛亮请到江东，正是要他协助定下东吴对曹操迎战的大计，现在听诸葛亮这么一说，不觉勃然大怒说："你要教我主屈膝受辱于国贼吗？"

诸葛亮倒十分平静，说："我有一计，不用投降，可保太平。只需派个使者，将两人送到江北就行。曹操一得这两个人，百万大军便会卸甲卷旗，退回中原。"周瑜感到很惊奇，连忙问："这两人是谁？"诸葛亮缓缓说道："我在隆中之时，就听说曹操在漳河新造了铜雀台，非常壮丽，广选天下美女放置于此。曹操本是个好色之徒，他听说江东乔公有两个女儿，大女儿叫大乔，二女儿叫小乔，都有沉鱼落雁之容、闭月羞花之貌。曹操曾经发誓说：'我平生一愿是扫平四海，成就帝业；一愿是得到江东二乔，安置在铜雀台，让她们伴我欢度晚年，一生就死而无恨了。'现在他虽率领百万大军，虎视江南，其实根本为的是这两个女子。周将军何不去找乔公，花上千金把她们买来，派人送给曹操。曹操得此二女，称心如意，必然班师。"周瑜听了，半信半疑，问道："曹操想得这两个女子，有何为证？"诸葛亮说："曹操的小儿子曹植，才思敏捷，下笔成文。曹操曾命他作过一首《铜雀台赋》，表明曹操平生两愿，一是做天子，二是誓娶二乔。"周瑜说："这篇赋你能记下来吗？"诸葛亮说："我爱它文辞华美，多次吟诵，暗记在心了。"周瑜说："请你吟出来我听听。"诸葛亮即刻背诵，"……揽'二乔'于东南兮，乐朝夕之与共……"

诸葛亮一吟完，周瑜就气得暴跳起来，骂道："老贼欺我太甚！"诸葛亮连忙起来拦住，周瑜说："先生有所不知，这大乔是孙策将军的老婆，而小乔则是我的妻子呀！"诸葛亮赶忙做出诚惶诚恐的样子说："这个我实在不知道，失口乱说，死罪，死罪！"周瑜咬牙切齿道："我与那老贼势不两立！"随即商议破曹大计。

事实上，曹操躺着中枪。"揽二桥于东南兮，乐朝夕之与共"原指在高台间建两座桥，以便朝夕流连其中。诸葛亮为了激怒周瑜，故意把这句诗中的"桥"改为"乔"。你周瑜不是想投降吗？投降了就要把老婆送给别人，换成谁也不能接受。于是周瑜怒发冲冠，与曹操势不两立。

上述为激将法的一种方式。纵观古今，激将法还有另一种用法，就是激励下属。

话说三国时期，张鲁派马超领兵攻打葭萌关，葭萌关告急，刘备大惊，与诸葛亮商议对策。诸葛亮说："恐怕只有张飞、赵云二将，才能匹敌。"刘备说："赵云带兵在外还没有回来。张飞就在这里，可以速派他去迎战。"诸葛亮说："主公先别着急，且让我激一激他。"却说张飞听说马超杀来，急急忙忙地跑入账中，对刘备说："我先向哥哥辞行，便去与马超厮杀！"诸葛亮假装没听到，对刘备说："现今马超侵犯关隘，无人可敌；除非往荆州请关羽前来，方可与敌。"张飞说："军师休要小看人！想当年当阳桥上，俺独挡曹操百万雄兵，还怕他马超不成！"诸葛亮说："你当年能独挡曹操，是因为曹操不知虚实；若知虚实，将军又怎会安然无恙？马超之名，天下皆知，渭桥六战，杀得曹操割须弃袍，几乎丧命，非等闲之辈。就算关羽前来，也未必取胜啊。"张飞说："我现在就去，如若打不过马超，愿下军令状！"诸葛亮说："既然如此，你便为先锋。"

张飞欣然答应，迎战马超。

诸葛亮一生激人无数，还激过关羽、黄忠、孙权等人，在激将法的使用上可谓是玩出了高度。问题是既然张飞愿意迎战马超，那么直接让飞哥迎敌就好了，为什么还要去激张飞呢？

其实，这种激将法的好处在于提醒与激励。如果诸葛亮直接答应张飞出战，顺带提醒他马超勇猛，不可轻敌。张飞多半当成耳边风，并且不会发挥出自己的全部能力，进而影响后面的战果。而用了激将法，张飞就意识到问题的严重性，毕竟立下了军令状，万万不可轻敌，还要使出 100% 乃至 150% 的能力。

因此，这种激将法多用于职场，以此激励员工。上司说员工不行，员工不服，就要证明给上司看，于是更加努力，进而来激发他们的潜能，让他们做事情更有激情，也更加卖力。当然，激将法用于教育子女也是完全可以的。

愤怒的力量，超乎你的想象。那么，我们该如何使用激将法呢？

首先，激将法对于适用对象的性格方面是有严格要求的，仅适用于血气方刚，容易激动的人。大家试想一下，若是对方很能沉住气，激将法就不能用了。一是很难激怒于他；二是就算激怒，对方来一句"且慢，容我三思！"这一三思，事就不好办了。因为激将法利用的就是怒发冲冠、血气上涌，让对方来不及细细思量，就能给出我们需要的答复。拖得越久，对我们就越不利。比如诸葛亮说的"二乔"，是要被揭穿的。

其次，运用激将法，要戳到对方的痛处。不能我们说了半天，对方不疼不痒。因此，在激怒对方的时候，一定要说对方最反感、最不能忍受的地方，争取一针见血；而在激励对方的时候，需否定他最引以为傲的能力，比如说张飞不会绣花，人家根本就不在意，说他武艺不如马超，这可就不能忍了。

最后，需要注意的是，激将法不能过度使用。古人常说，杀鸡焉用宰牛刀。并不是所有的工作，我们都要付出 120% 的努力才能做好。对于那些不用太努力就可以完成的任务，实在犯不上用激将法，过度使用会导致对方疲劳，以后就不灵了。此外，激将法的使用往往有损于人际关系，毕竟是我们是在激怒对方，否定对方的能力，从这个角度上讲，也不能过度使用。

飞箝（qián）——说服的最高技巧

《鬼谷子》中有一种高阶说服技巧，名为"飞箝"，指运用言语，让对方高兴或是害怕，以此暴露出弱点，然后被我方所钳制。至于用法，《鬼谷子》言："其用或称财货、琦玮、珠玉、璧帛、采色以事之；或量能立势以钩之；或伺候见涧而箝之。"意指"飞箝"之术在使用上，要么用财物、珠宝、玉石、璧帛（一种名贵的丝织品）、声色来吸引对方；或衡量才能创造态势来吸引对方；或是通过寻找弱点来控制对方。简单来说，就是人都有欲望、弱点，合理地利用它们，就可以达到我们的说服目的。

说得这么玄，可是臣妾做不到啊！我们还是先从例子说起。

话说战国时期，张仪来到楚国，钱快花光了，处境贫困，随从们纷纷辞行。张仪说："你们一定是嫌我穷，才想回去吧。你等着，很快我们就有钱了。"当时，南后和郑袖很受楚怀王宠爱，在楚国地位尊贵。

闲话休叙，且说张仪前去拜见楚怀王，楚怀王一见到他，就有些不高兴。张仪说："大王既然不用我，那么我就到北方拜见韩王吧。"楚怀王说："好吧！"张仪说："难道大王对韩国没有什么需求吗？我可以帮您代购。"楚怀王说："黄金、珍珠、玉石、犀革、象牙都出自楚国，寡人对韩国没有什么需求。"张仪说："大王难道就不好美色吗？"楚怀王说："此话怎讲？"张仪说："郑国和周国的女子，擅长化妆，打扮得十分漂亮，第一次见到她们，还真以为是仙女下凡。"楚怀王说："楚国是一个偏远的国家，从来没有见过中原的女子如此美丽，寡人还真想见识一下啊！"于是赠予张仪大量的金银财宝。

南后和郑袖得知此事，害怕失宠于楚怀王，连忙派人对张仪说："听说将军要到韩国去，我这里有千两黄金，赠给将军作为路上盘缠。"郑袖也给了张仪金石五百斤。张仪会意，笑而不语。

待到张仪辞别楚怀王之时，张仪说："诸侯相互阻隔，道路不通，不知何时再能见到大王，希望能与大王饮酒作别。"楚怀王说："很好。"于是设宴与张仪对饮。酒至半酣，张仪一拜再拜，请求说："这里没有外人，希望大王邀集左右亲近来一块儿畅饮。"楚怀王说："好。"于是找来南后和郑袖，一起饮酒。张仪一见她们，假装惊慌失措，连忙跪地请罪，说道："我对大王犯有死罪。"楚怀王说："爱卿何出此言？"张仪说："我走遍天下，从来没有见过像南后、郑袖二位这样的美人，我却说要为您找美人，这简直是在欺骗大王啊！"楚怀王大喜，道："此事先生就不必挂心了。寡人本来就觉得全天下的美女谁也比不上她们。"

张仪先是采用了"飞箝"之术中的"采色以事之"，利用楚怀王的好色，成功获取钱财；紧接着，又使用"或伺候见涧而箝之"，凭借南后、郑袖害怕失宠的弱点，获得巨款；后来，再次运用"或伺候见涧而箝之"，依靠楚怀王的好大喜功，全身而退。张仪此举，既不得罪对方，又能从中渔利，可谓是一箭双雕。高，实在是高！

接着上面讲，过了几年，秦国想要攻打齐国，然而齐、楚两国缔结了盟约，于是派张仪前往楚国，破坏齐楚联盟。楚怀王听说张仪来，留出上等宾馆，亲自到宾馆安排他住宿，说："先生不远而来，您有什么来指教寡人呢？"张仪对楚怀王说："大王如果真要听从我的意见，就和齐国断绝往来，解除盟约，我回秦国，请秦王献出商於一带六百里的土地，让秦国的女子作为大王的侍妾，秦、楚之间娶妇嫁女，永远结为兄弟国家，这样向北可以削弱齐国，而西方的秦国也得到好处，没有比这更好的策略了。"楚怀王非常高兴地应允了他，并把相印授给张仪，还馈赠了大量的财物。很快，楚国就和齐国断绝了关系，废除了盟约，并派一位将军跟着张仪到秦国去接收土地。

张仪回到秦国，假装没拉住车上的绳索，跌下车来受了伤，一连三个月没上朝，楚怀王听到这件事，以为张仪是因为楚国与齐国断交还不彻底吧，于是派出勇士到齐国辱骂齐王，齐王震怒，与秦国结交。齐秦两国建立了邦交，张仪这才上朝。他对楚国的使者说："我有秦王赐给的六里封地，愿把它献给楚怀王。"使者回报楚怀王，楚怀王震怒，立刻发兵攻打秦国。遭到秦齐两国夹击，楚军大败，于是割地求和。

随后，秦国要挟楚国，想得到黔（qián）中一带的土地，要用武关以外的土地交换它。楚怀王说："我不愿意交换土地，只要得到张仪，愿献出黔中地区。"秦王想要遣送张仪，又不忍开口说出来。张仪却请求前往。秦王说："先生此去，如羊入虎口，必死无疑啊！"张仪说："秦国强大，楚国弱小，我和楚国大夫靳（jìn）尚关系很好，靳尚能够去奉承楚国夫人郑袖，而郑袖的话楚怀王是全部听从的。况且我是奉大王的命令出使楚国的，楚怀王怎么敢杀我。假如杀死我而替秦国取得黔中的土地，这也是我的最高愿望。"于是，张仪出使楚国。楚怀王等张仪一到就把他囚禁起来，要杀掉他。靳尚对郑袖说："您知道您将被大王鄙弃吗？"郑袖说："为什么？"靳尚说"秦王特别钟爱张仪，如今将要用上庸六个县的土地贿赂楚国，把美女嫁给楚怀王，以此把张仪从囚禁中救出来。楚怀王看重土地，就会敬重秦国。秦国的美女一定会受到宠爱而尊贵，这样，夫人也将被鄙弃了。不如替张仪讲情，使他从囚禁中释放出来。"于是郑袖日夜向楚怀王讲情说："作为臣子，各自为他们的国家效力。现在土地还没有交给秦国，秦王就派张仪来了，对大王的尊重达到了极点。大王还没有回礼却杀张仪，秦王必定大怒出兵攻打楚国。臣妾请求搬到江南去住，免遭秦国的欺凌屠戮。"楚怀王后悔了，赦免了张仪，像过去一样优厚地款待他。

此例中，张仪使用了"飞箝"之术中的"或量能立势以钩之"，先给楚怀王"立势"，即展望美好未来，画了一张大饼，从而勾起楚怀王的贪欲，进而轻易地说服楚怀王。后来，靳尚与郑袖均是运用"飞箝"之术中的"或伺候见涧而箝之"，达到说服目的。

那么，我们该如何使用"飞箝"之术呢?

首先，"飞箝"之术的使用方法，简单来说，分为三种：顺从对方欲望、画饼、找弱点。第一种方法，即顺应对方，在满足对方欲望的同时，从中获利，比如在职场谈判前，请对方吃饭、送礼等等，都是为了谈判能够顺利进行，某种程度上说，采用的就是"飞箝"之术的第一种方法。至于第二种方法，则需要结合对方的欲望，给对方画一张大饼，对方见有利可图，自然便会答应，于是说服成功，详情我们可以参照张仪说服楚怀王背弃盟约。第三种，则是要寻找对方最深、最害怕的弱点，配合"内揵"进行说服，比如蠢萌的郑袖，害怕失宠的弱点竟然被人反复利用。

其次，"飞箝"之术作为说服的最高技巧，经验不够，是很难掌握的。原因在于需要使用者明确知晓对方的欲望以及对方的弱点。正如《韩非子·说难》讲的："凡说之难，非吾知之有以说之之难也，又非吾辩之能明吾意之难也，又非吾敢横失而能尽之难也。凡说之难：在知所说之心，可以吾说当之。"大意是说：说话的难处，并不难在把话讲清楚，也不是难在能让对方听明白，更不是难在把想说的都说出来，真正的难处，在于了解对方的心理，并用合适的说辞去说。

最后，我们要防止别人使用"飞箝"来忽悠我们。上面两例，想必大家会觉得郑袖、楚怀王蠢萌蠢萌的，被人耍了，还帮人点钱。其实，关键在于楚怀王、郑袖的欲望、缺点被人所熟知，于是被玩弄于股掌之间。俗话说，人无完人。是人都有缺点，是人都有欲望。因此，我们要了解自己的欲望和缺点，当别人试图利用它们来说服我们的时候，我们就要多加注意，以免上当受骗。

逃情——你的黑锅我不背

《鬼谷子》云："微而去之，是谓塞窌（jiào）匿端，隐貌逃情，而人不知，故能成其事而无患。"意思是说，在对方听从我们建议之后，要在适当的时候离开对方，把动机隐藏起来，消除痕迹，伪装外表，逃避实情，使人无法知道是谁办成的这件事。如此一来，达到了目的，却不留祸患。这种方法，鬼谷先生称为"逃情"。

相信大家都很有疑惑，大功告成不是很好吗？为什么还要"逃情"呢？

这是因为，鸟尽弓藏、兔死狗烹这类事，在中国古代发生太多了，比如像袁绍这样的老板，咱们提出了正确的建议，他完全采纳了，最终成功了，那是他领导有方，善听意见，是他厉害，与咱们一点关系都没有；若是他只采纳了一部分建议，结果失败了，遭受了损失，这个黑锅就得咱们来背了，庸人误国、妖言惑众啊！即便到了现代，无论是生活中，还是职场中，这种现象也很常见。

那么，为了避免背黑锅，我们先看看古人是怎么做的：

一天，曹操正为选接班人的事情而苦恼，是立次子曹丕还是三子曹植？于是曹操向谋士贾诩请教。贾诩听后沉默不语，曹操就问："你怎么不说话？"贾诩答："我在想事情。"曹操接着问："你在想什么？"心想问贾诩怎么跟挤牙膏似的，挤一点，出一点，不挤就不出。贾诩答道："我在想袁绍、刘表父子的事情。"看官有所不知，袁绍立三子袁尚，刘表立次子刘琮，皆是废长立幼，最终都灭亡了。曹操听后，决定立次子曹丕为接班人。

贾诩为什么不说得直白一些呢？大家想一想，曹操所问非同一般，关系到贾诩以后跟谁混的问题，某种程度上讲，类似于押宝，要是押对了，带头大哥肯定念我的好，以后还不多照应着小弟？若是押错了，小鬼，你当年胡说八道什么？害得我险些当不成大哥，来人，杀！贾诩的回答妙就妙在隐晦上。就算是押错了，曹植当了大哥，怪罪起来，也拿贾诩没办法。贾诩可以说："俺当时在想袁绍、刘表父子的事情。您知道俺是老实人，不骗人的好吧。您爹爹这么问，俺当然如实回答了。怎么，连想想都不行吗？想想就犯法？俺没文化，不要欺负俺。"

而在技巧上，贾诩其实用了举例子，打比方的办法，鬼谷先生称之为"象比"。简单来说，例子就好比箱子，提建议的时候，最好把建议"装"在这个箱子（例子）中，要让对方先理解例子，从例子中悟出我们的建议，有这么一个"开箱"的过程，这样的好处就在于，对方如何去做，这可是他自己"开箱"开出来的，可不是咱们硬塞给他的。

东汉末年，白门楼上，吕布在被曹操生擒之后，希望能够为曹操效力。曹操也有些迟疑，到底用不用他，毕竟是第一猛将，过了这村可就没这店了。这时候刘备上前跟曹操讲："你还记得丁原和董卓吗？"原来，吕布曾认丁原为义父，后被董卓收买，杀丁原而投董卓，并认董卓为义父，后来，吕布与董卓争貂蝉，又怕被董卓干掉，于是先下手为强，宰了董卓。曹操一想，这小子有反骨，谁是他领导，谁就会死，留着没用，杀！

刘备为什么也玩这一套呢？我们试想一下，若是刘备说"杀"，曹操很有可能就会不杀，他会意识到刘备是怕自己有了吕布之后所向披靡，纵横天下，将来不好对付；此外，若是曹操选择杀吕布，那也是因为你刘备说"杀"我才杀的，而刘备素以仁德著称，如此一来，刘备反而会留下害贤的名声。所以刘备选择了最正确的方式——举例子。就算曹操杀了吕布，与刘备关系不太大，因为刘备没说"杀"，最终还不是你曹操定的主意？这样一来，就不会有害贤的名声了。

简便起见，我们可以将这种方法称之为"记得体"。"记得体"的标准形式是："你还记得大明湖畔的夏雨荷吗？"举个例子，比如上司这段时间打算炒股，我们想劝他不要炒，因为张总和李总炒股赔钱了，于是我们就可以用"记得体"：老板，您还记得张总和李总炒股的事吗？

特别需要注意的是，在使用"记得体"时，一定要确保对方具有相应的背景知识。比如说：老板，您还记得科比与奥尼尔之间的恩怨吗？老板一听蒙圈了，回复一句："他们是谁？是中国人吗？"然后，就没有然后了。

当然，如果确实是因为我们提出了错误建议，给对方造成了损失，我们就要做好承担责任的准备。

1944年，美军五星上将艾森豪威尔指挥三百多万盟军官兵、二万多艘战船，经过一昼夜的激战，在诺曼底成功抢滩登陆，拉开了盟军反攻的序幕，也为二战的胜利奠定了基础。第二天，艾森豪威尔在电台发表了一份激情澎湃的演说："这是人类历史上最大规模的两栖登陆战，这是盟军的伟大胜利，这是全体官兵浴血奋战的结果，法西斯德国的坟墓将就此挖掘。"演说完毕，电台工作人员在整理文稿时，却无意中发现了艾森豪威尔的另一份演说稿。这也是为诺曼底登陆准备的演说稿，内容却截然相反："我悲伤地宣布，我们登陆失败。这次失败完全是我个人决策和指挥失误造成，我愿意为此承担全部责任……"

一个事件，两份演说稿。一份为胜利而准备，一份为失败而准备。艾森豪威尔在让人看到他天才的战略战术的同时，也让人感受到了他勇于承担责任的豪情。

　　总之，根据实际情况，面对像袁绍那样的老板，我们在提建议的时候，多用举例子，打比方的方法，适当使用"记得体"，将提议隐藏在"箱子"中。如果真是我们的建议错误，那么要像艾森豪威尔一样，勇于承担责任。

第四章
合情：当众说话很简单
——演说的要领

英国首相丘吉尔曾说："一个人可以面对多少人，就代表这个人的人生成就有多大！"纵观世界各个领域的成功人士，哪一个不是演说方面的大师？因此，演说技能已经成为了通往成功的必备技能！掌握了演说的技巧，离成功就不再遥远。

不同于说服的"一对一"，演说的特点在于"一对多"，所面对的都是形形色色的人，这就意味着，成功的演说必须满足不同人的胃口。针对这一点，鬼谷子有自己独到的方法策略，告诉我们，针对不同的人，说不同的话，下面我们就具体看一下。

要——演说内容简明扼要

《鬼谷子》说："与辨者言，依于要。"指与思维敏捷的人说话，要简明扼要。与这类人说话，往往我们只说了一句话，后面的还没来得及说，对方就已经知晓了我们的意思，因此，对他们讲话要简明扼要。

心理学研究表明：在45分钟的演说中，听众在前15分钟注意力集中，获得信息较多，随后的30分钟效果很差，收益也很差。这就意味着，我们的演说，最好是短而精，时间控制在10分钟以内。当然，如果是有讲学性质，则另当别论。下面就来看看，列宁于1918年在群众集会上的演说。

什么是苏维埃政权？大多数国家还不愿意理解或不能理解的这一新政权的实质是什么？日益吸引每个国家的工人的新政权的实质就在于：从前管理国家的总是富人或资本家，而现在第一次是由遭受资本主义压迫而且人数最多的阶级来管理国家。

即使在最民主最自由的共和国里，只要还保留着资本的统治和土地的私有制，管理国家的总是极少数人，十分之九是资本家或富人。

在世界上，我们俄国第一次这样建立了国家政权：没有剥削者参加，只由工人和劳动农民组成群众组织——苏维埃，而国家的全部权力都交给苏维埃，这就是为什么不管世界各国的资产阶级代表怎样污蔑俄国，"苏维埃"这个字眼却在世界各地不仅成了容易理解的字眼，而且成了通俗的字眼，成了工人和全体劳动者都喜欢的字眼。这就是为什么不管共产主义的拥护者在世界各国遭到怎样的迫害，苏维埃政权必然而且一定会在不久的将来在全世界胜利的原因所在。

我们清楚地知道，在我们苏维埃政权机构中还有不少的缺点。苏维埃政权并不是神丹妙药。它不可能一下子治好过去的毛病，不能一下子清除愚昧、无知、野蛮战争的后果和掠夺性的资本主义的遗毒，但是它为全体劳动人民提供了人人平等，当家做主的权力，让一切剥削者必须明白反剥削力量的伟大，提供了转变到社会主义的可能性，它使受压迫的人能够真正站立起来，能够逐渐地掌握对整个国家、经济和生产的管理，苏维埃政权是群众找到的走向社会主义的道路，所以，这条道路是正确的，是不可战胜的。

这是列宁的著名演说《什么是苏维埃政权》，全文还不到600字，演说时间也只用了3分钟。列宁在这短短的3分钟时间内，让我们深刻了解了何为苏维埃政权。

需要注意的是，列宁说得少，并不意味着理解得不透彻。列宁的夫人克鲁普斯卡娅在回忆录中写道："尽管列宁知识渊博和宣传经验丰富……但是，他对每一次演说，每一次报告，每一次讲话，都要精心准备。"

林肯的《葛底斯堡的演说》也同样简短，只有十几句话，600 来字，所用的时间也同样不到 3 分钟，但他却为此准备了足足两个星期。他的演说，思想博大精深，结构紧凑严谨，轰动全国，驰誉世界，成为演说史上最著名的演说之一，让人们长久记忆，铭刻不忘。而就在同一个地方，同一个场合，埃弗里特[1] 在葛底斯堡国家公墓落成典礼上发表了长达两小时的演说，却早已被世人们所遗忘。

有人曾问威尔逊[2] 总统："准备一份十分钟的讲稿，大概花费多少时间？"

他回答："两个星期。"

那人问："准备 30 分钟的讲稿呢？"

他回答："一个星期。"

那人问："准备两个小时的讲稿呢？"

他回答："不用准备，马上就可以讲。"

---

1 爱德华·埃弗里特，美国政治家，曾任马萨诸塞州州长 (1836-1840)、哈佛大学校长 (1846-1849) 和美国国务卿 (1852-1854)。
2 托马斯·伍德罗·威尔逊，美国第 28 任总统。

这段对话告诉我们：篇幅越短，准备越要充分，短而精是精彩演说的一大特点，没有大量的资料的去伪存真、删繁就简的过程显然是达不到短而精的。将演说的短而精用到极致的，当属丘吉尔了。

1948年，英国牛津大学举办了一次"成功奥秘"讲座，邀请的是当时声誉已经登峰造极的英国首相丘吉尔。在讲演前三个月，各大媒体就开始了热烈的炒作，各界人士引颈等待，翘首以盼讲座的到来。

讲演的那一天，会场上人山人海。全世界各大新闻媒体都到齐了。人们都迫不及待地想知道这位杰出的政治家、外交家的"成功秘诀"到底是什么。

只见丘吉尔走上讲台，两手抓住讲台，两眼注视着听众，用手势止住大家雷动的掌声，说："我的成功秘诀有三个：第一是，决不放弃；第二是，决不、决不放弃；第三是，决不、决不、决不放弃！我的演说结束了！"说完，他就走下了讲台。

会场上沉寂了一分钟后，突然爆发出热烈的掌声。

因此，一个好的演说，并非一定要面面俱到，但它一定要简明扼要，深入人心，让对方明白演说者到底在说什么。

为了做到这一点，我们要向列宁、林肯一样，广泛收集与演说主题、内容相关的材料，然后严格筛选，选出最有代表性的材料用于演说。

　　总之，没人喜欢听长篇大论，因此，尽可能让我们的演说短而精，让听众在最短时间内，掌握我们所要讲的主要内容。

利——一开口就要抓住听众的心

《鬼谷子》言："与贫者言，依于利"。意为与贫穷的人说话，要谈利益。其实，无论贫穷富贵，我们听别人讲演，总是希望能够有所收获。我们总不可能花上一晚上的时间，去听一个跟自己压根没关系的讲演，这不是在浪费生命吗？因此，一个优秀的演说，必须要在"利"字上面下功夫，特别是在开场白上，要着重突出"利"字。

大家有所不知，演说的开场白这是抓住听众注意力的最好时机！要是开场白没做好，即使后面再精彩，听众也不会听了。我们不妨先看看下面几个常见的开场白。

大家好，我叫布鲁斯，是文恩集团的总裁。我想说，今天能站在这里我很高兴，我期待这一天已经很久了，见到这么多年轻的面庞，我对此充满热情，我只想说过去我是那种经常说着可能永远也做不到的家伙，我以前从来不相信我会如此成功，因此，今天我想让你们知道，我对你们即将毕业是多么激动，我想让这里的每个人都作出承诺，我想让你们今天从这里走出去以后准备好承担重任，我知道我们可以做到这一点，运用合理的方法，我知道我们可以实现。

相信有很多人都会觉得这个开场白不错，富有激情！然而，我很遗憾地告诉大家，这个开场白，是一个糟糕的开场白。大家再看看下面的例子，这个开场白怎么样呢？

各位，早上好！很高兴今天能在这里演说，感谢你们在百忙之中抽出时间来听我的演说，在开始我的演说之前，我要特别感谢贝里斯福德先生，是他组织了今天的演说活动，在进入正题之前，我先介绍点琐事，卫生间在大厅的左边，我已经吩咐助手将有关计划的详细材料分发给各位，他马上就会把材料发给大家。

我对成功的方法非常感兴趣，并准备了 66 张幻灯片，列出了我的团队及我个人制定实施此计划的过程，我认为我们制订计划和步骤，可以取得非常棒的成果，在接下来 45 分钟里我将展示这些幻灯片，你们可以随时打断我提任何问题，我很乐意作答。

其实，这两个开场白都很失败，犯了同样的错误——满篇都在提自己如何如何，却跟听众没有丝毫关系。此外，第二个开场白还强调了他要讲 45 分钟！学校一堂课也就 45 分钟啊！我要是听众，此时就会机智地拿出手机。

因此，在演说开场的时候，一开口就吸引住听众。具体做法就是：首先，演说者需要告诉听众，你讲的东西并不多，没人愿意听一个人在上面滔滔不绝、没完没了，这是演说，不是上课！其次，演说者需要讲述跟听众有用的信息，而不是一味地提自己如何如何。据相关研究表明，演说要遵循七秒法则——在听众决定是否关注你的讲话之前，你只有七秒的时间可以利用。这就意味着开头非常重要，关于感谢、厕所啊都不必去说，直入重点。下面我们来看一看演说达人罗斯福是如何开场的：

朋友们，我想花几分钟时间同美国人民谈谈银行的情况。只有很少一部分人了解银行的运行机制，而绝大多数人把银行当做存款和取款的地方。我要告诉大家，过去这些天我们都做了什么，为什么要做这些事情，以及我们下一步的计划。（1933 年 3 月 12 日，罗斯福总统的新闻演说，当时美国正处于大萧条时期）

是不是简单明了，又与听众息息相关？

因此，我们要好好利用演说开场的最初七秒，一定要契合听众的利益，说听众最感兴趣的话，以此抓住听众的注意力。

当然，我们不能变相乱用，以下有几个玩坏了的例子：

逻辑版：同志们，今天我只讲三个问题。先说说第一问题，在这个问题下面还有四个点需要说明，而第一点下面又分五个小点，那么我先从第一个小点谈起……

时间版：同学们，我就讲一分钟……（过了一分钟）我只讲一分钟啊……（一分钟过去了）我就讲一分钟……

数字版：大家说的都很好，我就补充一句……（不知道说了多少句，他到底会不会数数！）我再补充一句……（又说了很多，他到底知不知道一是几？）

总之，我们要抓住开场的前七秒，以此获得听众的兴趣。而不是让他们听了开场之后，上演"手机去哪里"。

辨——让对方明白我们到底在讲什么

《鬼谷子》云："与拙者言，依于辨。"意为与反应慢的人说话，要条理清晰，通俗易懂。在日常生活中，对于反应慢的人，我们说快了、说多了，对方往往跟不上节奏，不知所云。因此，正如鬼谷先生建议的那样，站在对方的角度，说对方能听懂的话。

聊天如此，演说也同样如此。无论听众反应速度如何，演说者应尽量保证每个人都能听懂他在说什么。否则说了半天，大家还不知道你在说什么。那么，为了能让大家听懂，除了语速正常，吐字清晰以外，我们还应注意哪些问题呢？

首先，我们要在演说中，少用专业名词，多说对方知道的词语。

比如，某人在演说中，讲述了他与九节狼一起生活的故事。听众听了半天肯定是不知所云，九节狼是狼吗？吃人吗？其实，九节狼就是我们常说的小熊猫。如此说来，演说者使用"九节狼"

一词，不仅让听众云里雾里，也难免有装 A 与 C 之间字母的嫌疑。

因此，我们要多用对方听得懂的语词，毕竟，演说是讲给听众听的，他们听不懂，说得再好，又有什么意义呢？

在 2016 年的 APEC 工商领导人峰会演讲中，习近平主席一句"我也爱吃地瓜"，一下子拉近了中国与秘鲁的关系。习近平主席的讲话称："大家都知道，拉美是地瓜等薯类作物的原产地，我特别爱吃这里的地瓜土豆。我曾给中国的一些企业家举过地瓜的例子，我说，你看那个地瓜，它的藤蔓向四面八方延伸，但它的块茎始终长在根基位置，同样道理，不管发展到什么程度，中国都将扎根亚太，建设亚太，造福亚太。"对于习近平主席的这一比喻，现场给予热烈的掌声。

秘鲁《共和报》评论称，地瓜是秘鲁美食中的传统食材，在秘鲁很多经典的菜肴上都有它的身影。习近平以"地瓜"借喻中国扎根亚太发展，形象生动地表明了中国与亚太共发展的理念。秘鲁总统库琴斯基 20 日在 APEC 会议闭幕后的新闻发布会上说，中国在国际贸易中及亚太地区是"最重要的角色"。"我们会支持这股势头，确保它不会停下来。"秘鲁通讯社说，习近平此访秘鲁，反映出中国对秘鲁的高度关注。虽然两国在地理上相隔万里，但深深的友谊纽带把两国连在一起。上世纪80年代邓小平曾经说过，人们常说 21 世纪是太平洋时代，但他坚信，"那时也会出现一个拉美时代"。如今他的话已经变为现实，而秘鲁也迎来了同 14 亿人口的亚洲巨人进一步发展关系的机遇。

习总书记的演说，仅用一个小小的地瓜，就成为了彼此沟通的桥梁，这点是值得我们借鉴的。在演说中，尤其是在不同文化交流的场合中，多用对方熟悉的词语，可以瞬间拉近彼此之间的距离，同时，也能极大地引起听众的兴趣，让他们有继续听下去的动力。

其次，一个演说，最好只讲一个论点。在很多时候，对方听不懂我们在讲什么，往往是因为我们的论点太多，一会说 A，一会又说 B，一会又说 C，然后说 A 与 B 的关系，B 与 C 的关系……相信这么一弄，大家已经开始乱了。因此，每次演说最好只讲一个论点，并且要反复强调，以此加深听众对它的印象。

总之，在演说的过程中，多用听众习惯使用的语词，多以听众喜欢的事物为例，这样的演说，既能让对方听懂我们在说什么，又能快速拉近彼此之间的距离，何乐而不为呢？另外，我们要确保每次演说最好只讲一个论点，并且在演说过程中多次强调这个论点，以确保听众能够时刻抓住演说的核心。

势——来一场富有激情的演说

《鬼谷子》讲："与贵者言，依于势。"指与身份、地位高贵的人说话，要依靠气势！在第一章，我们就讲过，说话没有气势，就别指望别人听你的。演说也是这样。说话有气无力，听众昏昏欲睡，对演说而言，这无疑是个灾难。那么，怎样才能来一场富有激情的演说呢？

其实很简单，讲我们亲身经历的事，说我们的真实感受就可以了。陆游在《冬夜读书示子聿（yù）》写道："纸上得来终觉浅，绝知此事要躬行。"意思是说，看书学来的知识，对它领悟还很浅显，一定要在实践中践行，才会加深感悟。要说道理，谁都懂，可用到实践上，那就不一定了，非要弄得头破血流，回过神来，才发现这道理说得没错！就拿教育来说，打小父母就教育我们：天上不会掉馅饼，贪小便宜要吃大亏！再加上受了这么多年的教育，照理说，应该不会在这上面出问题。可事实却是，有人还就是图便宜，以致上当受骗，这样的例子不胜枚举。俗话说，吃一堑长一智。当我们在经历了挫折，遭受了损失之后，再回过头来想想这些道理，体会自然也是不一样的。待到与听众分享的时候，由于有了自身的体悟，自有动人之处。

因此，在演说中，最好的话题往往都是自己亲身经历的，这是关于我们的话题，是扎根于我们内心的话题，并且是我们要急着与大家分享的话题。讲这样的话题，演说者又怎能不激动？不富有激情？

2016年底上映的影片《萨利机长》，讲述了2009年1月15日，全美航空1549号班机遭到飞鸟攻击，两部发动机全部熄火，迫降于纽约哈德逊河，155人全数生还。雷克·艾利斯（Ric Elias）就是这155人中的一员，下面就来分享一下，他在TED上的演说，看看他在"人生的最后一刻"到底学了什么：

想象一个大爆炸，当你在3000多英尺的高空；想象机舱内布满黑烟，想象引擎发出喀啦、喀啦、喀啦、喀啦、喀啦的声响，听起来很可怕。

那天我的位置很特别，我坐在1D，我是唯一可以和空服员说话的人，于是我立刻看着他们，他们说，"没问题，我们可能撞上鸟了。"机长已经把机头转向，我们离目的地很近，已经可以看到曼哈顿了。

两分钟以后，三件事情同时发生：机长把飞机对齐哈德逊河，一般的航道可不是这样。他关上引擎。想象坐在一架没有声音的飞机上。然后他说了几个字，我听过最不带情绪的几个字，他说，"即将迫降，小心冲击。"我不用再问空服员什么了。我可以在她眼神里看到恐惧，人生结束了。

现在我想和你们分享那天我所学到的三件事。

在那一瞬间内，一切都改变了。我们的人生目标清单，那些我们想做的事，所有那些我想联络却没有联络的人，那些我想修补的围墙，人际关系，所有我想经历却没有经历的事。之后我回想那些事，我想到一句话，那就是，"我收藏的酒都很差。"因为如果酒已成熟，分享对象也有，我早就该把酒打开了。我不想再把生命中的任何事延后，这种紧迫感、目标性改变了我的生命。

那天我学到的第二件事是，正当我们通过乔治·华盛顿大桥，那也没过多久，我想，哇，我有一件真正后悔的事。虽然我有人性缺点，也犯了些错，但我生活得其实不错。我试着把每件事做得更好。但因为人性，我难免有些自我中心，我后悔竟然花了许多时间，和生命中重要的人讨论那些不重要的事。我想到我和妻子、朋友及人们的关系，之后，回想这件事时，我决定除掉我人生中的负面情绪。还没完全做到，但确实好多了。在过去的两年里，我从未和妻子吵架，这感觉很好，我不再尝试争论对错，我选择快乐。

我所学到的第三件事是，当你脑中的时钟开始倒数"15，14，13"，看到水开始涌入，心想，"拜托爆炸吧！"我不希望这东西碎成 20 片，就像纪录片中看到的那样。当我们逐渐下沉，我突然感觉到，哇，死亡并不可怕，就像是我们一生一直在为此做准备，但很令人悲伤。我不想就这样离开，我热爱我的生命。这个悲伤的主要来源是，我只期待一件事，我只希望能看到孩子长大。

一个月后，我参加女儿的表演，她一年级，没什么艺术天分，就算如此。我泪流满面，像个孩子，这让我的世界重新有了意义。当时我意识到，将这两件事连接起来，其实我生命中唯一重要的事，就是成为一个好父亲，比任何事都重要，比任何事都重要，我人生中唯一的目标就是做个好父亲。

那天我经历了一个奇迹，我活下来了。我还得到另一个启示，像是看见自己的未来再回来，改变自己的人生。

我鼓励今天要坐飞机的各位，想象如果你坐的飞机出了同样的事，最好不要——但想象一下，你会如何改变？有什么是你想做却没做的，因为你觉得你有其他机会做它？你会如何改变你的人际关系，不再如此负面？最重要的是，你是否尽力成为一个好父母？

试想一下，如果雷克·艾利斯没有亲身经历这件事，而是在讲别人的故事，那么他的体会，又怎能如此深刻，发人深省？

《吕氏春秋》讲："欲论人者，必先自论。"简单来讲，就是想要让别人听，自己要先做到。演说也不例外，比如有人演说的主题是诚信，可是他本人就不讲诚信，全靠在网上搜集的信息，自己消化以后，讲给别人听。即使说得再好，也很难让听众有所感触。南宋青城山隐士安子顺说："读诸葛孔明（诸葛亮）《出师表》而不堕泪者，其人必不忠；读李令伯（李密）《陈情表》而不堕泪者，其人必不孝；读韩退之（韩愈）《祭十二郎文》而不堕泪者，其人必不友。"但凡是自己亲身经历的事，感悟必是发自肺腑，无须过多修饰，自有能打动人的地方。

因此，想要演说富有激情，就要讲自己亲身经历的事，当然，最好选择关于自己遭受失败、遇到挫折的话题，因为这样更能打动听众，并且，相较于成功，失败所获得经验往往显得更加宝贵。再加上自己的真情实感，这样的演说，想不精彩都难。

谦——高高在上的演说不是好演说

《鬼谷子》说："与贱者言，依于谦。"讲的是，与地位低的人说话，要保持谦和的态度。这一点，相信大家也深有体会。其实，无论我们跟谁说话，保持一个谦虚谨慎、平易近人的态度，总不会有错，因为没有人喜欢被俯视。

前面我们说了，在演说中要多讲自己亲身经历的事，但这并不意味着演说者可以把自己所经历的任何事情都和别人说。比如，有些演说者似乎是忘了自己的演说目的，从开头到结尾，都是一腔热血地介绍自己如何如何厉害：开了几家公司，市值多少，为很多知名企业服务，效果有多么好……生怕自己不推销自己，别人就会把你遗忘。当然，这些都是他的亲身经历，可是演说者是否想过，你这么做，听众就一定会买账吗？

话说在南朝宋时期，范晔（yè）在担任宣城太守的几年里，郁郁不得志，于是开始写《后汉书》。其实，在《后汉书》之前，已经有十部记述东汉历史的史书了，其中不乏《东观汉记》、《续汉书》这样的优秀之作，然而《后汉书》诞生后，这些史书基本散佚，可见《后汉书》之出类拔萃，更见范晔史学造诣之深。范晔本人对他的著作也自信满满，他在给外甥的信里写道：我写的《后汉书》几乎没有一个字是废话，其文奇妙变化无穷，综合了各种体例，连我自己都不知道该怎么赞美它了！我这本书体裁宏大、思想精深，是自古以来从未有过的……不可否认，《后汉书》确是一部奇书，但就是因为范晔对其书自吹自擂，导致后世对这部巨著的评价不是太高，有失偏颇。

　　显然，对于范晔的"自卖自夸"的行为，大家并没有买账。《庄子》讲："天地有大美而不言。"意思是说天地这么美，它自己都不说。以此来告诫人们切勿炫耀。回到演说上，也是一样的道理。一般而言，听众讨厌那些惯于卖弄、喜欢炫耀，总是以自己为中心的演说者。他们的行为非常容易引起别人的反感，令人怀疑你的专业度，更重要的是"你是谁"、"你有多重要"、"你有多厉害"和演说的主题根本就没有关系！因此，演讲内容最忌出现"自夸"。

　　所以，要想博取听众的好感，再有名望的人也不能居高临下、颐指气使，只有平易谦和才能与听众融为一体。老舍先生在一次演说中是这样说的："听了同志们发言，得到很大好处，可惜前两次没来，损失不小。今天来的都是专家，我很怕说话，只好乱谈吧。"老舍先生如此谦逊坦诚的口吻，一下子拉近了演说者与听众之间的距离，消除了听众对一位名人可能产生的敬畏心理。另外，老舍说自己是"乱谈"，也就表明自己不是居高临下作演说，而是平等地和大家交流意见罢了。如此平易近人，自然会获取听众的好感，融洽现场的气氛。

当然，所谓谦虚也是有一定限度的，过于谦虚就相当于自卑了。因此，在演说中，我们也不能一味自谦。经常有演说者一上台就表现出过于谦虚："今天的演说太仓促，我也没做什么准备，就随便讲点什么吧，讲得不好请大家原谅！"听众就会想："你没有做准备还演说什么？这不是耽误我们的时间吗？"还有演说者这样讲："我说的吧，只是我个人的看法和认识，这个不一定是对的，大家自己分辨对错，一会我们可以探讨探讨。"试问谁的演说不是个人的看法和认识？再说了，对不对，你自己都不知道，讲出来又有什么意义呢？

谦虚是可以的，谦虚是一种心态和胸怀，但是谦虚并不等于否定自己的观点，尤其是自己要讲的观点。演说者应该始终遵循这样一个原则：相信自己讲的内容，并把自己的自信带给所有听众。如果你没有把握，那就不要讲。

总之，在演说的时候，我们的演说态度一定要谦虚，切勿表现出咄咄逼人。此外，演说内容上，切忌"自夸"以及"过于自谦"。

第五章
顺说：跟任何人都聊得来
——闲聊的方法

　　《鬼谷子》云："智者不用其所短而用愚人之所长，不用其所拙而用愚人之所工，故不困也。"意指在谈话中，谈论对方擅长的事，就不会让自己陷入困境。闲聊也不例外，很多时候，尤其是面对陌生人，我们往往感觉无处开口，本章将着重解决这类问题，助您成为沟通达人。

投其所好，多聊对方擅长的话题

《鬼谷子》说："开而示之者，同其情也。"指双方开口说话，是因为彼此情趣相同。这就是鬼谷子的"同情"原则。

大家想想我们平时的聊天，还真是这样。跟我们能聊得来的人，一定是情趣相同的，能从"今天天气好晴朗，处处好风光"一直聊到"男足输了，叙利亚停火"，可谓是天南海北，无处不谈。遇到聊不来的，基本都是志趣不合的，除了见面问一声"呦，吃了吗？"然后，就没有然后了。正所谓酒逢知己千杯少，话不投机半句多。

林语堂先生说他有一位朋友，曾经在海南的文昌中学教书，曾遇到过这样的事：当时文昌人对琼山人有"琼山狗"的不敬称呼，有一位学生趁大家围着琼山籍的老师谈话，在黑板上写了"琼山狗"三个字。这位老师看到了黑板上那三个字，不禁勃然大怒，立刻报告校长，并且还提出辞呈。校长大怒，要严责学生，于是立刻召开紧急会议。会议期间，校长拿出校规，说第几条所载，学生谩骂老师，记大过一次；第几条所载，学生侮辱老师，开除学籍，现在这个学生究竟是谩骂还是侮辱，还要继续讨论。主任认为学生对老师并没有什么恶意。然而校长偏要开除学生，以此整顿校风。如此一来，校长和主任争执不下，于是林语堂先生的朋友就站起来说道："我们还是先来讨论一下校规，我认为侮辱是目的，谩骂是达到侮辱目的的一种手段，这两条规程，其实可以合并成一条。所以我们从规则的方面讲，该学生应该受到处罚，但不必照校规来处罚，因为校规这两条本身设计就不合理；如果从情理的方面讲，学生也未必是故意为之，不妨给他一个改过自新的机会。"这一来，既照顾了校长和主任的面子，那位学生也没有受到学校的严厉处分。

过了几天，有一位新办学校的朋友前来拜访林语堂先生，一开始非常尴尬，大家都没有什么话可说，于是，林语堂先生就把上述朋友的那段故事讲给对方听，并且对他说："你是研究过法学的，你看，他们订出了这样不妥的校规，这不是笑话了吗？"这几句话，竟引起那朋友的兴趣来了，于是，他讲述了学校订立校规的困难；他们订立校规是怎样得仔细……侃侃而谈，一直谈了两个多钟头。

林语堂先生在面对新办学校的朋友时，讲述新办学校的校规问题，以此引起对方的兴趣，产生了共鸣。

　　其实，冷场、尴尬的原因，在于交谈双方趣味不同。那么，为了和任何人都谈得来，我们为什么要表现出彼此趣味不同呢？为什么就不能和林语堂先生一样，说对方感兴趣的话题呢？

　　根据"同情"原则，聊天正确的姿势应该是需要知道对方想听哪些话题，或者擅长哪一方面的问题，然后咱就聊对方喜欢的。那么，具体来说，我们应做到以下几点。

　　首先，要让自己的兴趣尽量广泛。蔡康永说："15岁觉得游泳难，放弃游泳，到18岁遇到一个你喜欢的人约你去游泳，你只好说'我不会耶'。18岁觉得英文难，放弃英文，28岁出现一个很棒但要会英文的工作，你只好说'我不会耶'。人生前期越嫌麻烦，越懒得学，后来就越可能错过让你动心的人和事，错过新风景。"其实说话也是一样，特别遇到合适的人出现时，却因为聊不到一起，而失之交臂。我曾经在旅途中遇到一位佳人，她总是在讲林丹羽毛球打得如何如何好，奈何我当时对林丹一无所知，臣妾不懂啊。然后，就没有然后了。因此，要让自己的兴趣尽量广泛，一方面让生活过得有声有色，另一方面，在聊天的时候，很多话题都可以从兴趣入手，毕竟每个人都有自己的爱好，这时咱们聊电影，谈音乐，说足球……总不会冷场的。

　　其次，丰富自己的知识面。俗话说得好，巧妇难为无米之炊。聊天也是如此，在平时我们就要不断地通过学习来积累知识，这些知识在聊天的时候，会转变成我们的谈资。面对形形色色的人，他们的知识结构、知识储备都是不同的。有的人热爱历史，有的人爱好哲学，想跟他们聊得来，还真要有相应的知识储备，不然对方说个什么，咱还真是丈二和尚摸不着头脑。

最后，我们可以根据对方的性别、职业、专业，来谈论对方感兴趣的话题。爱美之心人皆有之。比如见到一位女士穿了套非常漂亮的衣服，我们可以对她衣着的款式、颜色、搭配等方面加以赞美，对方一听自然很高兴，难免就会滔滔不绝起来，从服装品牌，聊到时尚潮流……另外，也可以根据对方职业、专业加以谈论，比如见到商人谈商业，面对专家谈专业，看到厨师谈厨艺……

总之，我们可以从各方面来谈论对方擅长的领域，从而变得健谈起来。

面对冷场，不妨提个问题

《鬼谷子》云："言有不合者，反而求之，其应必出。"意思是说，若是对方所说内容有不合的地方，采用疑问的方式应对，对方必有回应。

其实，无论双方言语相合还是不合，只要提出问题，对方就算再不想回答，也会给我们一个回应。提一个问题，可以有效地让对方开口，让我们找到打破僵局的突破口。

就拿相亲来说，男女双方由于初次见面，过于腼腆，不知道该聊些什么。此时，打破僵局最好的办法莫过于提一个问题，比如问："您好！初次见面，请问您是上海人吗？"对方若说不是，我们可进一步追问是哪儿的人，然后以对方的家乡为话题；若对方说是，则以上海为话题。总之，无论对方认可还是不认可，都可以找到切入点，帮助话题展开。

林语堂先生有一位朋友，是专门替别人做广告画的。林语堂先生曾介绍他为某书局作书籍的封面画，他自己设计了，并不去征求书局老板的同意，因此每一幅都得不到老板的好评。老板付了他的稿费，从此以后就再也不请他了。接连好几个月他都没接到一单生意，因此他去找林语堂先生询问原因。当时林语堂先生就跟他说，应该改变画风，同时还要征求老板的意见。因为你代对方作画，钱是对方出的，出了钱的人一定要让他满意，这才是道理。

这位朋友听了林语堂先生的建议，特地去找那书局的老板。书局老板见他前来，两人对坐，默默无言。他坐了一会儿，觉得无聊，便想起身告辞，但一想来的目的，是在请教老板，于是先问老板近来书局的生意如何，随后又谈封面设计，再请教老板应该怎样装帧，又拿出画好的几张封面，请求指导。结果，却引起了书局老板的兴趣，滔滔不绝地谈着他的经验，同时还对他说明书籍的封面画和广告不同，并叫他以后应该注意哪些细节。后来，老板又请他画了几幅封面。

这个故事告诉我们，通过采用提问的方法，既可以引起对方的兴趣，从而打破僵局，又可以使我们获得知识。可谓是两全其美。那么，我们该如何提问呢？

首先，我们可以根据对方的职业、专业、社会背景等，提出相应的问题。就拿我个人经历来说，我曾接待过一位台湾的老教授，他是人工智能领域的专家，在接待中，我不断地向他咨询人工智能方面的问题，因为他在台湾生活，顺便问些关于台湾风土人情的问题，还根据对方的阅历，问一些有关人生感悟的问题。总之，根据对方的特点，询问对方擅长的领域。

其次，在提问的过程中，我们要留意对方的反应。一般而言，在我们提问之后，若对方在回答的时候表现出滔滔不绝，这就意味着对方对此话题很感兴趣，咱们问对了地方，要在这个方向上做更为深入地提问；若对方对此问题表现出不冷不热，回答都很简短，甚至是一两个词，这个时候我们就应该意识到，问的方向不对，得赶紧换个方向提问。

最后，提问也有禁忌，涉及个人隐私的问题千万不要问。比如您今年多大了？结婚了吗？一个月挣多少钱？买的几环的房？家住哪……总之，要避免谈及或涉及隐私问题。

赞美对方，你不会后悔的

《鬼谷子》言："摄心者，谓逢好学伎术者，则为之称远，方验之，惊以奇怪，人系其心于己。"意为收服人心的方法，在于如果我们遇到喜爱学习、富有才能的人，就为他宣传，使他声名远扬。而一旦他的才能在众人面前显现出来，也便会对自己的才能表示惊叹。那么，这个人一定会把心交给我们。

鬼谷先生简单暴力地阐述了赞美对方会让我们得到什么样的好处。其实就算没有好处，赞美本身就是一种对对方能力的认可。夸对方长得好看，是认可对方的颜值；夸对方学习成绩好，是认可对方的学习能力……总之，如果我们在某方面认可对方，不妨就去赞美对方吧。

赞美对方，会让对方心情愉悦。马克·吐温说："只凭一句赞美的话，我就可以充实地活上两个月。"有时候，赞美对方，在无形之中，会给予对方我们难以想象的精神力量！

19世纪初，英国伦敦有一位很普通的青年人，他梦想自己在将来能成为一名为世人敬仰的作家。但是，青年人很不幸，一生坎坷，中间辍学了四年，父亲又因无法偿还债务进了监狱，他经常因为没有饭吃而挨饿。10岁时全家被迫迁入负债者监狱，11岁就承担起繁重的家务劳动。为了生计，母亲托人让他在皮鞋作坊当学徒。16岁时，又在律师事务所当缮写员。但是这些工作薪水都很低，不要说用来贴补家用，除了自己吃饱肚子就所剩无几了。后来，他自己找到一个工作，在一个老鼠满地跑的仓库里给鞋油筒贴标签。白天工作，晚上他就跟另外两个男孩子挤睡在一间阴暗的小房子里。那两个男孩子来自伦敦的贫民窟，他们一点也不觉得他的作品好。他很不好意思，担心退稿遭到工友的嘲笑，就在深夜出去寄稿子。稿子一个个地被退回来，他依旧没有放弃，终于，一个编辑写信让他到编辑部，当面赞美他说："你的文笔很不错，观察很细腻，你就写你熟悉的底层生活，就一定能够发表。"

编辑的赞美，让他十分激动，他流着泪水在街上走着，他告诫自己：我是有写作的天分的，只要按照编辑的话去做，就一定能够成为作家。

这个青年就是伟大的英国作家狄更斯。他按照编辑的指引，写伦敦底层百姓的苦难生活，1836年开始发表《鲍兹随笔》，这是一部描写伦敦街头巷尾日常生活的特写集。同年，陆续发表连载小说《匹克威克外传》，数期后便引起轰动。这是一部流浪汉小说形式的幽默作品，漫画式地反映了英国现实生活。

正是由于他苦难的少年时代备尝艰辛、屈辱，看尽人情冷暖，使他的作品关注底层社会劳动人民的生活状态。小说《大卫·科波菲尔》中，就是描写了自己这一段遭遇。后来，他又以写实笔法揭露社会上层和资产阶级的虚伪、贪婪、卑琐、凶残，满怀激愤和深切的同情展示下层社会，特别是妇女、儿童和老人的悲惨处境，并以严肃、审慎的态度描写开始觉醒的劳苦大众的抗争。

我们可以看到赞美的力量有多大，实际上，我们每一个人都有这样的机会，赞美他人或者被他人赞美。从内心赞美他人，就如同给他人送去温暖和阳光，会激励他人重建自信和理想；而接受他人的赞美，则会让我们重拾失去的梦想。

而在面对流言蜚语的时候，赞美往往是最有效的武器。

清朝乾隆年间，大贪官和珅利用职务之便，结党营私，聚敛钱财。有位大臣屡次向乾隆皇帝说和珅如何如何贪污腐败。消息不胫而走，传到了和珅的耳朵里。和珅一想，你不是在皇帝面前说的我坏话吗？我干脆就在皇帝面前说你的好话。于是，和珅屡屡向乾隆皇帝说这位大臣忠君爱国，是国家栋梁……没过多久，乾隆皇帝下旨，把这位大臣，发配到边疆了。

大家试想一下，如果一个人在你面前说另一个人的坏话，而另一个人在你面前不停地说这个人的好话，我们肯定也会做出和乾隆一样的判断。从这一点上看，无论对方说我们好话还是坏话，赞美对方总是不会错的。

因此，我们要养成赞美的习惯。孔子说："三人行，必有我师焉。"值得我们学习的对象太多了，三个人中，就必有一个，别人的言行举止，定有值得我们学习的地方。既然都值得我们去学习了，那么不妨再顺便夸他两句。既提高自己，又赞美对方，何乐而不为呢？

需要注意的是，赞美别人时，一定要切合实际，不要说不合实际的空话、套话。比如说我的一个同学，一次来我们宿舍，见我们都在打游戏，他就夸我们敲打键盘的姿势好看，点击鼠标的声音好听……因此，夸奖一个人，一定要从实际出发，鬼谷先生不也说，要夸"好学伎术者"，说白了有咱才夸，没有就不要夸了。

总之，当我们习惯去赞美别人的时候，就会渐渐地发现，自己成为了一个受欢迎的人。

婉言相拒，别人是不会怪你的

《鬼谷子》讲："离合有守，先从其志。"意思是说，如果和对方意见不统一，应该在坚持自己立场的同时，先顺着对方。

在人际交往过程中，我们有时会遇到对方的无礼请求。答应吧，自己不爽，不答应吧，弄不好友谊的小船说翻就翻。这时，想要委婉地拒绝对方，就应按照鬼谷先生的建议——先顺着对方。我们先看看刘翔是如何委婉拒绝他人的：

刘翔在男子 110 米栏的比赛中轻松夺冠后，对自己的这一成绩，他表示满意，并说："我原计划跑到 13 秒 20 左右，没想到最后的成绩比预期的还要好一些"。

有记者问道："雅典奥运会夺金后，日本有很多华人女留学生都想嫁给您，您是否考虑过个人问题？"刘翔笑着说："非常感谢大家对我的喜爱，不过我现在就是一名运动员，唯一的目标是尽可能提高成绩，用最好的表现回报观众。我不想作昙花一现的选手，希望用自己的表现为中国、为亚洲田径项目的发展多做贡献。目前还没考虑个人问题，不过我也是人，将来肯定会结婚，但现在还稍微早些，我想会在退役后结婚。"

　　刘翔的拒绝，也是先顺着对方的，他先说感谢大家对他的喜爱，再言希望为中国、亚洲多做贡献，最后说还是要结婚的。虽说是拒绝，也没有拒绝得那么彻底。如果刘翔不顺着对方的意思，直言："我目前不考虑个人问题，也不考虑女留学生，我要努力提高成绩，为中国、为亚洲田径项目的发展多做贡献。"那么明天的头条就会变成"刘翔勇夺金牌，坦言不考虑女留学生"，试问看到这样的头条，百姓又会作何感想？

　　三国时期，孙权手下有位名臣名叫华歆，由于他名气很大，所以曹操就请皇帝下诏召他入京。华歆启程时，亲朋好友都来相送，赠送了很多礼物给他。华歆为人刚正廉洁，本想拒绝，但又怕当面谢绝会伤害朋友之间的情谊，便将礼物统统收下，并且在所有的礼物上偷偷地记下了送礼人的名字。临行前，华歆设宴款待亲朋好友。等到酒宴快结束时，他站起来对大家说："诸位好意，送我这么多的礼物。但是，所谓'匹夫无罪，怀璧其罪'，我单车远行，携带这么多贵重之物，现在世道又不太平，要是遇到了山贼，是不是太危险了？"朋友们听出了华歆的言外之意，知道他不想收受礼物，又不好驳大家的面子。大家顿时心生敬意，便各自取回了自己的东西。

139

显然，华歆也是没有直接拒绝对方的好意，而是先顺着对方，最后才婉言拒绝。如此一来，双方的面子都得以保全。下面我们来具体看看，怎样做才能婉言拒绝对方。

首先，即便对方提出的要求很无理，也不能立刻拒绝。应按照鬼谷先生的要求，先顺着对方的意思，表达出对对方的理解，然后再分析自己的难处，最后再拒绝。比如，A说："咱俩合作写篇论文吧，您看如何？"B说："我认为这个想法很好，可是我明天就要外出调研一个月。等我回来再说可以吗？"这样的拒绝就很容易让对方接受。

其次，避免使用如"不行"、"不可以"、"办不到"、"不知道"等词语。还是上面的例子，如果B说："不行，我明天就要外出调研一个月。"A听到如此答复，又会作何感想呢？因此，尽量少用这类词语。

再次，即便拒绝，能帮多少还是要帮多少。比如A想报考管理学院的博士生，就向哲学系的B询问相关事宜。E说："非常感谢您报考我校，改明了咱就是同学了！可惜我在哲学系，并不是很了解管理学院的招生情况。不过，我认识管理学院的C，您有问题可以向他咨询。"即便是拒绝，还是给对方开辟了另一条出路。当然，就算B不说认识C，A也不会怪他。可是考虑到双方的友谊，就算不能全部答应，咱能帮一点是一点。

另外，对于别人的提醒，最好不要拒绝。比如对方提醒我们哪里有打折，何处有美食，就算我们事先知道，也要表现出不知道，毕竟要照顾到对方想法。如果我们表明已经知道，那么对方很可能觉得自己多事，从此以后再有类似的好事，也不会提醒我们了。

最后，如果确实无能为力，而对方又是我们的至交好友，这时我们可以在拒绝对方的时候，给予对方一定的补偿。

总之，不要在一开始就拒绝对方，别人是不会怨我们的。

说话，80% 是倾听，20% 是表达

《鬼谷子》云："听贵聪。"指的是对于听而言，最宝贵的是听清楚。

在很多时候，往往就是因为听不清楚，才产生了一些问题。比如说，我有一位朋友，以前说话不啰唆，自从成为教师以后，他的说话风格发生了巨变，喜欢翻来倒去地说同一件事，听得我很抓狂。他给我的理由是，班里的很多孩子上课听讲都不认真，你给他讲一遍没有用，他也记不住什么，只能反复讲，次次讲。时间一长，入戏太深，在生活中说话也就这样了。

在生活中，这样的例子也屡见不鲜，有时候我们明明都跟他说过某件事，看样子他也用心听了，可是过了几天，又过来问及此事，好像根本没有听过似的。

很久以前，有个穷秀才进京赶考。他只顾赶路，错过了宿头。眼看天色已晚，他心里非常着急。正在这时，一个屠夫走过来，

邀他到自己家里去。屠夫与秀才谈得很投机。于是屠夫随口问秀才说："先生，万物都有雌雄，那么，大海里的水哪是雌，哪是雄？高山上的树木哪是公，哪是母？"秀才一下被问呆了，只好向屠夫请教。屠夫说："海水有波有浪，波为雌，浪为雄，因为雄的总是强些。"秀才听了连连点头，又问："那公树母树呢？"屠夫说："公树就是松树，'松'字不是有个'公'字吗？梅花树是母树，因为'梅'字里有个'母'字。"秀才闻言，恍然大悟。

秀才到了京城后，进了考场，把卷子打开一看，巧极了，皇上出的题，正是屠夫说给他的雌水雄水、公树母树之说；很多秀才看着题目，两眼发呆，只有这个秀才不假思索，一挥而就。不久，秀才被点为状元。他特地回到屠夫家，奉上厚礼，还亲笔写了块匾送给屠夫，上面题的是"听君一席话，胜读十年书"。

秀才的故事告诉我们，当别人说话的时候，我们不仅仅要听，并且要虚心听。有时候，在不经意之间，某一句话，或许就能改变我们的人生。

回想在我当年高考的时候，全国卷有一道物理题，分值20分，难倒了许多同学。其实早在半年之前，老师就已经讲过了类似的题目，现在回想起来，不知道自己当时在干什么，要知道，对于考生而言，20分足以改变一个人的命运。

一位汽车推销员，有一次向顾客推荐一种新型车，他热忱接待，并详尽地为客人介绍了车子的性能、优点。客人很满意，准备办理购买手续。岂料，从展厅到办公室，短短几分钟，客人的脸色却越来越难看，突然决定不买了，煮熟的鸭子就这样飞走了。

这位顾客为什么突然变卦？推销员辗转反侧，不能入眠。他回忆着自己的每一句话，并没有发现讲错的地方，也没有冒犯顾客的地方，真是百思不得其解。于是他忍不住给那位顾客拨了电话，询问原因。顾客告诉他："今天你并没有用心听我说话。就在我签字之前，我提到我儿子即将进入密歇根大学就读，我还跟你说到他喜欢赛车和将来的抱负，我以他为荣。可你根本没听我说这些话！你只顾推销自己的汽车，根本不在乎我说什么。我不愿意从一个不尊重我的人手里买东西！"

原来，那位客人的儿子考上了名牌大学，全家人异常高兴，并决定凑钱买辆跑车送给儿子。客人谈话中数次提及儿子、儿子、儿子，而他却一味强调：车子、车子、车子！这位推销员恍然大悟。他从此引以为戒，外出推销不仅带上自己的"嘴巴"，更带上自己的"耳朵"，带上感情、带上爱心。

由此可见，作为一名合格的推销员，不仅要在说话上面下功夫，更要在听话上面下大功夫。所以，倾听可以帮助我们尽可能多的掌握信息，是获取信息最直接、最有效的办法。那么，怎样倾听才能掌握尽可能多的信息呢？

首先，要心无杂念地听对方说话。回想上课听讲，老师在那讲，学生没跟上，老师讲完了，啥也不知道。根本原因在于我们当时大脑开小差，想别的事去了。因此我们要尽量跟上对方的步伐，做到心无杂念。

其次，养成回想对方说了什么的习惯。比如我们看完了一部电影，别人问演了什么，还真不一定能答得上来。这在某种程度上说明我们没用心观看，一会看看手机，一会嗑嗑瓜子，谈何用心观影？反之，若是能回想出电影细节，详述故事经过，这部电影，我们肯定是用心观看了。对于认真听对方说话，也是一样的。因此，我们要养成回想的习惯，强迫自己回想对方说话内容。一旦我们这样做了，你就会发现，以后给对象送合适的礼物，已经不再是难事，因为在此之前，对象的偶然提及，早被机智的我们铭记于心了。

总之，多倾听，用心听，既可以帮助我们避免做出错误的决断，发表不恰当的言论，也可以帮助我们了解对方，帮助对方。

第六章
慎言：说话不易，且说且珍惜
——说话中的一些禁忌

　　《鬼谷子》讲："口者，心之门户也。心者，神之主也。志意、喜欲、思虑、智谋，此皆由门户出入。故关之以捭阖，制之以出入。"大意是说，嘴巴很重要，我们的志向、欲望、爱好、思维、谋略都是通过说来体现的，既然这么重要，我们就要管好自己的嘴。正如古人所讲，祸从口出，就是这个道理。王力先生也说："说话是最容易的事，也是最难的事。最容易，因为三岁的孩子也会说话；最难，因为最擅长辞令的外交家也有说错话的时候。"因此，怎样把话说好，让对方听舒服，这是一门学问。

人在江湖飘，哪能不挨刀
——盘点职场中的说话陷阱

《鬼谷子》说："不得其情而说之者，见非。"意为在不了解实情的时候就去游说，定要受到非议。前面我们也说过，说话的难处在于对方的心理不易把握。人心变幻莫测，比天高，比海深。上司的心，海里的针。稍有不留神，说错了话，轻者永不晋升，重者卷铺盖走人。

下面，举例说明以下几种职场陷阱，大家若是遇到，需格外小心！

话说春秋时期，郑武公想攻打胡国，为了麻痹胡君（胡国国君），则将自己的女儿嫁给了胡君。一日在朝堂之上，郑武公会问群臣："我国繁荣昌盛，府库充足，粮草齐备，军事发达，寡人近日想要征伐他国，彰显实力，众位爱卿以为何国可伐？"大夫关其思出列，提议胡国可伐。郑武公大怒："大胆！胡国乃是兄弟之邦，岂能讨伐？此人离间我兄弟之情，罪不容赦，来人，拖出去斩了！"并把关其思的人头送到胡国。胡君得知此事后，还真把郑国当成了兄弟之邦，根本没设防，结果被郑国所灭。

正所谓说者无心，听者有意。尤其是在职场中，我们说话要格外小心，关其思的故事，正应了这句俗语——枪打出头鸟！在情况不明朗的时候，万万不可贸然开口。就算充分了解情况，也要仔细考虑自己的说辞，觉得万无一失以后，再说出来。

在三国时期，曹操的谋士杨修屡次犯了曹操的大忌。有一次，曹操造了一所花园。造成时，曹操前去观看，没有夸奖和批评，就叫人取了一支笔在花园门上写了一个"活"字便走了。大家都不了解其中的含义。杨修对工匠们说，"门"添"活"字，就是"阔"字，丞相嫌你们把花园门造得太大了。于是重新建造园门。完工后再请曹操去观看。曹操很喜欢，问道："是谁知道了我的意思？"下人回答："是杨修！"曹操虽表面上称好，而心底却很嫉妒。

还有一天，塞北进贡给曹操一盒酥。曹操在盒上写了"一合酥"三个字放在案头。杨修见到了，竟然取勺子和大家将酥吃完了。曹操问其原因，杨修回答说："盒上明明写着'一人一口酥'，怎么敢违背丞相的命令呢？"曹操虽然喜笑，而心里却厌恶杨修。

曹操害怕有人暗自谋害自己，常吩咐侍卫们说："我梦中好杀人，凡是我睡着的时候，你们切勿靠近我！"有一个晚上曹操在帐中睡觉，被子落到了地上，近侍慌忙取被为他覆盖。曹操立即跳起来拔剑把他杀了，然后继续上床睡觉。半夜起来的时候，假装吃惊地问："是谁杀了我的侍卫？"大家都以实相告。曹操痛哭，命人厚葬近侍。人们都以为曹操果真是在梦中杀人，唯有杨修知道了他的意图，下葬时叹惜道："不是丞相在梦中，是你在梦中呀！"曹操听到后更加厌恶杨修。

曹操聚集兵队想要进兵，又被马超拒守，欲收兵回都，又怕被蜀兵耻笑，心中犹豫不决，正碰上厨师进鸡汤。曹操见碗中有鸡肋，因而有感于怀。正沉吟间，夏侯惇入帐，禀请夜间口号。曹操随口答道："鸡肋！鸡肋！"夏侯惇传令众官，都称"鸡肋"！

行军主簿杨修，见传"鸡肋"二字，便让随行士兵收拾行装，准备撤兵。有人报告给夏侯惇。夏侯惇大吃一惊，于是请杨修至帐中问道："您为何收拾行装？"杨修说："从今夜的号令来看，便可以知道魏王不久便要退兵回都。鸡肋，吃起来没有肉，丢了又可惜。如今进兵不能胜利，退兵让人耻笑，在这里没有益处，不如早日回去，来日魏王必然班师还朝。因此先行收拾行装，免得临到走时慌乱。"夏侯惇说："先生真是明白魏王的心思啊！"然后也收拾行装。于是军营中的诸位将领，没有不准备回朝的。

当天晚上，曹操心烦意乱，不能安稳入睡，因此便用手提起钢斧，绕着军营独自行走。忽然看见夏侯惇营内的士兵都各自在准备行装。曹操大惊，急忙回营帐中召集夏侯惇问其原因。夏侯惇回答说："主簿杨德祖事先知道大王想要回去的意思了。"曹操把杨修叫去问原因，杨修用鸡肋的含义回答。曹操大怒道："你怎么敢乱造谣言，乱我军心！"便叫刀斧手将杨修推出去斩了，杨修临死前叹息："其实我早就该死了，今日之死，算是晚了。"

杨修既然知道自己早就该死了，为什么还要一而再，再而三，去撩曹操的虎须呢？杨修的故事，应了那句老话——不作死就不会死。

回顾上例，曹操做的那些事情，意图在于让对方不解，来彰显自己的智慧。纵观曹营里那么多谋臣，难道就只有你杨修一人聪明？程昱、荀彧、贾诩、郭嘉他们都是傻子吗？难道他们就不知道"一合酥"指的是"一人一口酥"吗？他们肯定是知道的，但是不说，咱老板想炫耀，就让他炫耀，大家嘻嘻哈哈也就完事了，真没必要点破。

所以，在职场中，如果我们知道了上司的意图，千万不可点破，也不可随便说与别人，更不能让上司知道！

西汉时期，夏侯胜任光禄大夫一职。这时恰逢汉昭帝驾崩，昌邑王继位。昌邑王喜欢旅游，有一次，夏侯胜挡着昌邑王坐的车子，上前进谏道："天阴了这么久都不下雨，预示着臣子谋篡皇位，陛下还要出门到哪儿去呢？不怕被奸人所杀吗？"昌邑王大怒，说夏侯胜是妖言惑众，就把他绑起来交付官吏处置。

负责处置他的官吏便把这件事报告给大将军霍光，霍光大为震惊。原来在此之前，霍光和车骑将军张安世曾密谋着要废掉昌邑王。霍光心想："此事天知地知，还有就是我俩知，我又没泄密，必是张安世那边走漏了风声！"于是，霍光责备张安世露了口风，并且开始怀疑他，而实际上张安世并没有泄露。消息如何走漏出去的呢？干脆审问夏侯胜吧。夏侯胜回答道："《洪范传》中说'帝王没有统治的准则就会被恒常的'阴'惩罚，这时就会有地位在下的讨伐他的事发生'，只是因为忌讳这么明显地说，所以只说有臣下图谋皇帝的事发生。"霍光、张安世都大吃一惊，从此就更加看重经学家了。

十多天后，霍光终于和张安世一起上奏太后，废掉昌邑王，立了宣帝。霍光认为群臣向东宫上奏政事，太后视察政务，应该了解经术，于是就让夏侯胜给太后讲授《尚书》。夏侯胜后改任长信少府，并被赐予关内侯，他以参与谋划废立之事和决定宗庙社稷的重大决策，后又被增加了千户的食邑封地。

张安世躺着中枪，密谋废帝，何等大罪！一旦泄密，是要株连九族的。霍光居然沉得住气，还去找张安世理论，才真相大白。换做其他人，光景就大不相同了，肯定是杀人灭口，那时候，张安世死都不知道是怎么死的。

在职场中，也是如此。比如上司安排我们两个人去办一件不平常的事情，其他人都不知道。公司里的聪明人通过观察蛛丝马迹，把这事猜了出来，导致事情泄露，传到上司耳中，必然会认为是咱们泄露的，如此就会躺着中枪，后果不堪设想。因此，建议遇到这类情况，需格外小心，彼此信任。

　　东汉末年，曹操害怕袁绍渡过黄河，就加紧攻打刘备，不到一个月将刘备打败。刘备投奔袁绍，袁绍这才进兵攻打许都。谋士田丰认为已经失去时机，眼下不宜出兵，就劝阻袁绍说："曹操已经打败了刘备，许都就不再空虚。而且曹操擅长用兵，变化无常，人数虽少，不可轻视。现在不如长期坚守。将军凭借地势险要，拥有四个州的人马，对外联合英雄豪杰，对内实行农耕用以备战。然后挑选精锐部队，分为奇兵，趁敌人空虚轮番出战，用来骚扰黄河南面。敌人援救右边，我就攻其左边；敌人援救左边，我就攻其右边，使敌人疲于奔命，人民不能安于本业，我们还没有疲劳但对方已经困乏，用不了三年，安坐就可战胜敌人。现在不用稳操胜券的计策而想通过一次战争去决定成败，万一不能如愿以偿，后悔就来不及了。"袁绍不听。田丰极力劝阻，袁绍大怒，认为田丰乌鸦嘴，败坏军心，就将田丰关了起来。于是大举南下。

　　后来，袁绍败走，一路土崩瓦解，众军士都捶胸而哭："如果田丰在这里，不至于到这个地步。"有人对田丰说："您这下定会受到重用。"田丰说："袁绍表面宽厚但内心猜忌，不相信我的忠诚，而且我多次因为说真话冒犯他。如果他得胜，一高兴，一定能赦免我；打了败仗，心中怨恨，内心的猜忌就会发作。要是出师得胜，我将得到保全，现在既然打败了，我不指望活命了。"袁绍回来后，说："我没有采纳田丰的意见，果然被他耻笑。"逢纪乘机进谗言："田丰听说将军败退，拍手大笑，正为他预言正确而欢喜呢！"袁绍于是杀了田丰。

田丰用他的鲜血告诉我们：选择一个好的上司非常重要！如果曹操是田丰的领导，就算打败，田丰也不会死。谁叫他跟的是袁绍呢？失败了，不怨自己当初不听人劝，反怪别人当初提醒你，难怪会灭亡，也在情理之中。

回到职场，若是上司跟袁绍一样，表面宽厚但内心猜忌，终日疑神疑鬼，对员工刻薄，则要加倍小心。很多话还是不说为妙，倘若听了你的话，取得了成功，功劳都在他那里，不会念你的好；可是万一出了些许差错，那就都是你的错，妖言惑众，胡说八道，所有的责任都由你来背锅。

话说商朝末年纣王暴虐荒淫，横征暴敛，滥用重刑，纣王的叔父比干看不过去，于是到摘星楼找纣王，指责纣王诸多不是，一说就是三天。纣王听得快吐血了，质问比干："你算老几，凭什么在这与我说教！"比干回答说："凭着忠义和良知！"纣王咆哮道："我听说圣人有七窍玲珑心（一颗生有七个洞的心脏，古人认为常人的心脏有五个洞），不如把你剖开，看看你是不是圣人。"于是杀比干，取其心。

比干的结局，告诉我们：别人不爱听，就不要勉强别人听。强扭的瓜不甜。

在职场中，上司在工作上出现了差错，员工为企业着想，适当劝劝上司即可，切不可跟比干一样，你不听，**俺老孙就不走了**，缠着上司不放，其结果不外乎炒鱿鱼而已。

在公元前152年（汉景帝五年），汉景帝任命周亚夫为丞相。一开始，汉景帝对他非常器重，有一次，汉景帝要废掉刘荣，刘荣是栗姬所生，所以叫栗太子。但周亚夫却极力反对，结果导致汉景帝开始疏远周亚夫。还有和他有仇的梁王，每次到京城来，都在太后面前说周亚夫的坏话，对他也很不利。

后来，有两件事导致了周亚夫的悲剧。一件是皇后的兄长封侯，一件是匈奴将军封侯的事。窦太后想让汉景帝封皇后的哥哥王信为侯，但汉景帝不愿意，说窦太后的侄子在父亲汉文帝在世的时候也没有封侯。窦太后说她的哥哥在世时没有封侯，虽然侄子后来封了侯，但总觉得对不起哥哥，所以劝汉景帝封王信为侯，汉景帝只好推脱说要和大臣商量。在汉景帝和周亚夫商量时，周亚夫说汉高祖刘邦曾有祖训：不姓刘的不能封王，没有功劳的不能封侯。如果封王信为侯，就是违背了先祖的誓约。汉景帝听了无话可说。

后来匈奴将军唯许卢等五人归顺汉朝，汉景帝非常高兴，想封他们为侯，以鼓励其他匈奴人也归顺汉朝，但周亚夫又反对说："如果把这些背叛国家的人封侯，那以后我们如何处罚那些不守节的大臣呢？"汉景帝听了很不高兴："丞相的话迂腐不可用！"然后将那五人都封了侯。周亚夫失落地托病辞职。景帝批准了他的要求。

　　有些时候，皇帝询问老臣的意见，其实并非是真的要询问意见，而是做做样子而已。你同不同意，并不能影响皇帝策略的实施。既然如此，还不如顺水推舟。在职场中也是如此，比如各种会议，当然，并不是说不让大家提建议，好的建议当然可以提，但是要看场合是否需要，对于木已成舟的事，提出来也不会有任何改变，还是不说为好。

沉默是金，以不变应万变

《鬼谷子》言："阖而闭之者，异其诚也。"指如果和对方想的不一样，不妨先保持沉默，让对方开口，以此知道对方所想。

无论在社会还是在生活中，很多问题都是说出来的，我们常说的祸从口出，就是这个道理。比如有些人喜爱权力，你跟他谈怎样能赚钱，他就会觉得你庸俗；有些人爱钱，你跟他谈权力，他会觉得你不切实际；还有些人道貌岸然，表面上喜爱权力，背地里特别爱钱，你跟他聊权力，他就会装作聊得很开心，实际上却疏远你；而你跟他谈如何赚钱，他就会表面上嫌你庸俗，背地里却用你提出的方法赚钱。

在职场中，谈论上司喜爱的人，会被认为是在拉关系；谈论上司讨厌的人吧，则被认为是搞试探。咱说话耿直，直截了当，反被认为是不长脑子，没心眼；说话全面翔实，又被视为啰里啰唆，没完没了……

你说这日子还过不过了？各种坑啊！社会好复杂，上面还有那么多的陷阱，臣妾做不到啊。

其实办法很简单，既然是祸从口出，那么咱们干脆不说或是少说，不就行了？

有句话说得好——反派死于话多。在很多影视作品中，反派若是什么也不说，开枪射击，主角早就死了，也就没有了后面的故事，可是他偏要说一大堆的话，非要等到主角的援军到来，然后，反派阵亡。

当然，这是影视创作的惯用手法，但也提醒着我们，平时不要说话太多。《鬼谷子》说："言多必有数短之处。"意为说话多了，一定有多处漏洞。意在告诫我们要少说话。遵循这一原则会让人受用无穷，个人的威望会因为沉默而得到提升。人们向来都希望了解别人头脑中的想法，而把自己的思想封闭起来，不让别人窥探到。保持沉默，既可以增加神秘感，还能隐藏自己的真实意图，让人觉得我们高深莫测。影视剧中，那些高冷不爱说话的人，往往就能给我们这种感觉。而在现实生活中，若是不明状况，沉默往往是最好的办法。

1825年，沙皇尼古拉一世平定了一场叛乱，将其中一名叛乱领袖李列耶夫判处死刑。行刑的那一天，李列耶夫把绞刑架的绳索挣断了。在那个时候，这样的情况被认为是天意赦免。李列耶夫站起身来，确信自己安全了，就喊道："俄国人连制造绳索也不会，还能做什么大事呢？"尼古拉一世本来已经签署了赦免令，但听到他说的这些话就改变了决定。沙皇说："让我们用事实来证明一切吧。"于是他收回了赦免令。第二天，李列耶夫再度被推上绞刑台——这一次绳索没有断裂。

犹太人的智慧宝典《塔木德》说："沉默不会使人后悔。"李列耶夫要是读过这本书，想必就会多活几年。

很多时候，往往就是因为多说了那么一句话，导致了不可挽回的余地。比如夫妻吵架，大家都在气头上，这个时候要是谁没绷住，多说了一个"离婚"！就算说出后立即悔悟，也难以回天了，这就成了压死骆驼的最后一根稻草。

清代名臣张廷玉，辅佐康熙、雍正、乾隆三代明君，荣宠不替，身居高位而不倒，并且是整个清朝唯一一个配享太庙的汉臣。他一生恪守的格言就是——万当万言，不如一默。简单来说，就是做再多的事，说再多的话，也不如沉默。该说的不多说，可说可不说的就不说，不该说的咱咬紧牙关，打死也不说。

而在谈判中，保持沉默可以先让对方开口，还能给对方制造一种压力，让谈判朝着有利于自己的方向发展。

爱迪生在做某公司电气技师时，他的一项发明获得了专利。一天，公司经理派人把他叫到办公室，表示愿意购买爱迪生的专利，并让爱迪生出个价。

爱迪生想了想，回答道："我的发明对公司有怎样的价值，我不知道，请您先开个价吧。"

"那好吧，我出 40 万美元，怎么样？"经理爽快地先报了价，谈判顺利结束了。

事后，爱迪生满面红光地说："我原来只想把专利卖 500 美元，因为以后的实验还要用很多钱，所以再便宜些我也是肯卖的。"

让对方先开口，使爱迪生获得了 40 万美元的收益。经理的开价与他预料的价格简直是天壤之别。在这次谈判中，事先未有任何准备、对其发明对公司的价值一无所知的爱迪生如果先报价，肯定会遭受巨大的损失。

在商务谈判中，先开口要价并不一定有好处。因为在大多数情况下，我们都不可能明确对方的最低期望值。当我们不知道对方的底牌时，往往会过高或过低地估计对手的谈判姿态。首先开出的价码很有可能会落在争价的区域外，一旦如此，谈判者一上场就已经失去他的谈判阵地了。如果我们稀里糊涂地就先开了价，而且对方还立即接受了，那么我们肯定会有一种受骗上当的感觉。可是开出去的价如果收回，岂不是太没面子了？而且在正式谈判时也不太可能允许这样，所以连后悔也来不及了。

总之，适当的沉默可以避免失言，以免说出招惹对方反感的话；同时也能打开对方的话匣，让对方变得健谈起来，进而知道对方所想；还可以帮助我们在谈判中取得优势地位。

当然，说了沉默的这么多好处，并不意味着我们以后就不说话了。沉默也是看场合的。一般而言，在面对不了解的人或是不了解的事的时候，建议保持适当沉默，这样可以有效避免胡说，还能帮助我们了解对方，何乐而不为呢？

言谈有度，不要触碰对方"逆鳞"

《鬼谷子》讲："其身外，其言深者，危。"讲的是，作为外人，如果谈论很"深"的话题，就会遭到危险。这里的"深"，并非指深奥难懂，而是指对方的隐私、秘密、禁忌等等。这种情形，用"逆鳞"来形容再贴切不过了。

"逆鳞"一词出自于《韩非子》，原文讲："夫龙之为虫也，可犹狎（xiá）而骑也。然其喉下有逆鳞径尺，人有婴之，则必杀人。人主亦有逆鳞，说之者能无婴人主之逆鳞，则几矣。"意思是说，龙作为一种动物，驯服时可以戏弄着骑它，但它喉下有一尺来长的逆鳞，有人若是不小心触碰逆鳞，必死无疑。君王也有逆鳞，在言语中不触动君主逆鳞的人，太少了。

其实，不仅仅是君王，我们每个人都有"逆鳞"。别人在外面传我们的闲话，说我们的短处，谁都会生气的。

刘孝绰是梁朝人，从小就很聪明，七岁便能写文章。他的舅舅中书侍郎王融十分赏识他，常说当今天下的文章，如果没有我，就要数阿士写得最好了，阿士是刘孝绰的小名。

刘孝绰少年时就很有名气，依仗有才学而十分任性，常常是盛气凌人。凡有不合自己心意的人或事，便极力诋毁对方。领军臧盾、太府卿沈僧果等，都是因赶上时机而得到官职的，刘孝绰尤其轻蔑他们，每次在朝中集合会面，虽然一起做官，但从不与他们说话。反而称他们为马夫，询问些道路上的事。

刘孝绰也很瞧不起到洽，到洽原来是个掏大粪的，有一次他问刘孝绰："我的房东有块好地，我打算买下来，可是他不肯卖给我，你有什么妙计能让我得到这块地呢？"刘孝绰道："你何不多送些粪便堆在他的墙下，让他吃些苦头呢？"到洽听后，勃然大怒。

刘孝绰与到洽曾一起在东宫任职。刘孝绰自以为才学优于到洽，因而每次宴会坐在一起，都要讥笑到洽的文章，到洽心里很不爽。

等到刘孝绰任廷尉正，他把小妾带进了官府，而把自己的母亲仍留在家里。到洽当时任御史中丞，于是向皇上参了刘孝绰一本，刘孝绰因此获罪被免职。

刘孝绰的故事，告诉我们：打人不打脸，骂人不揭短。因此，我们在平时说话中，切忌揭对方短处，须知出来混，迟早要还的。

东汉末年，许攸本是袁绍手下的谋士，后来因官渡之战时，许攸背弃了袁绍而投奔曹操，并且为曹操设计了偷袭袁绍的囤粮地点的计策，使得袁绍因此在官渡大败。

官渡之战后，许攸跟随曹操平定冀州，立有功劳，但许攸自恃功高，屡次轻慢曹操，直呼曹操小名，说："阿瞒（曹操小名），没有我，你能得冀州？"曹操表面上嬉笑地说："你说得对啊。"但心里颇有芥蒂。一次，许攸出邺城东门，遇见许褚，又耐不住性子，旧事重提："你们没有我，能这样出入此城门吗？"许褚愤怒地驳斥道："我们舍生忘死，奋力杀敌，才夺得城池。你怎么胆敢这样夸口呢！"许攸不知死活，骂道："你们都是匹夫，没有什么了不起！"许褚大怒，拔剑杀死许攸。

许褚杀了许攸，提头来见曹操，说："许攸无礼，我杀之矣。"曹操说："许攸与我是旧交，都是开玩笑而已。"后来，曹操令厚葬许攸，对于许褚，只是"狠狠"地批评了一下。

通过这段描述，我们不难推测：曹操早有杀许攸之心。否则，许褚就是再傻，也不敢乱杀人。虽说曹操这种一言不合就杀人的行为是不对的，可是许攸要是不乱说话，经常触碰曹操的"逆鳞"，曹操也不会没事干，想着要杀他。因此，在平时说话中，为了不触碰对方的"逆鳞"，有以下几点需要我们注意：

第一点，不要谈论别人的短处。

清代学者金缨在《格言联璧》中讲："静坐常思己过，闲谈莫论人非"。讲的就是这个意思。我们在当事人面前不论是非，在外人面前也不论是非，须知说别人坏话，总有一日会传到对方耳朵里。因此，管住自己的嘴巴，莫论他人家长里短。

第二点，不要纠正对方。

比如在闲聊中，对方误把"别墅"读成了"别野"，这时往往就会有人跳出来，指出对方读错了，弄得对方很没面子；更有甚者，比如对方把"解剖"读成"jiě pōu"，实际上这就是"解剖"的正确读音，有人却误以为正确的读音是"jiě pāo"，还拿这错误的读音来纠正对方正确的，岂不是贻笑大方？正所谓说者无意，听者有心。就算是出于好意，对方会认为你是抓住别人的错误来炫耀自己，嫌隙由此而生。因此，在闲聊中，切忌纠正对方，就算对方真是错了，那也要等事后，私底下再说。

第三，不要质疑对方。

比如，在闲谈之中，对方说："我昨天在地上捡了1000元。"有人又跳了出来，说："真的吗？"弄得对方很尴尬，下不了台。其实，闲谈闲聊，无非就是随便聊聊，打发时间而已，对面随便说说，我们也就随便听听，图个一乐，也就是了。咱都随便听了，您说辨个真假还有意义吗？

总之，在言谈之中，如果与对方关系没那么深，则要尽量避免谈论对方的隐私、秘密、短处等，于我们是有益的。

隐恶扬善，有话好好说

《鬼谷子》云："人之有恶也，避而讳之。"指对方有不对之处，我们要避而不谈。

虽说良药苦口利于病，忠言逆耳利于行，但是在日常生活中，我们又都不是圣人，听到这些"忠言"，就算对方讲得再委婉，再有道理，心理难免也会不舒服。

一日，孟子向齐宣王进谏："您的一位臣子，因为要去楚国办事，临行前将妻子、孩子托付给他的朋友照顾，等到回来的时候，他的朋友却让他的妻子、孩子挨饿、受冻。此时他该怎么办呢？"

齐宣王说："与他绝交。"

孟子接着说："如果您的司法官不能管理好他的下属，那么您该怎么办？"

齐宣王说："罢免他。"

孟子说："如果国君不能很好治理全国，那么对他该怎么办？"

齐宣王环顾周围的大臣，开始说其他的事情。

我们常说的"王顾左右而言他"，就出自这里。孟子运用类比推理，环环相扣，轻而易举地把齐宣王带到了自己设计的陷阱之中，弄得齐宣王特别尴尬，赶紧岔开话题。然而，就其结果而言，齐宣王虽然意识到了自己的问题，但是并没有接受孟子的建议。

其实，齐宣王的心理，在本质上，与我们儿时的想法是一样的。说白了，就是逆反心理。就算明明知道自己是错的，可是为了维护自己的颜面，也要将错误进行到底，别人越是反对，我就越要坚持到底，气死你！

在日常生活中，这种现象也屡见不鲜。比如，子女找了心仪的对象，可是爹妈看不上，只要孩子一回家，父母就非要说他们找的对象如何如何不好，用尽一切办法，要拆散他们。可结果呢？他们反而更加团结了，发誓要永远在一起。反之，若是父母不闻不问，他们之间就会闹矛盾了。正所谓"兄弟阋（xì）于墙，外御欺辱。"指兄弟们虽然在家里争吵，但是一旦有外人的欺侮，他们就会团结一致，共同抵抗。毕竟都是成年人了，如果真的不合适，不用父母操心，自己就会闹矛盾。

因此，鬼谷先生讲"人之有恶也，避而讳之"，是从两个方面考虑的：一是说了没用，还得罪人；二是说了可能会起到反作用。要知道，大家都是成年人了，基本的道理还是懂的，就是有时候拧不过这个劲，非要耍耍小孩子脾气。

当然，这并不意味着我们看到对方有不对之处，就装聋作哑，这仅仅是由于时机不成熟，说了白说，所以鬼谷先生才建议不说。而在时机成熟的时候，我们就可以批评对方了，但是要讲技巧。

在《红楼梦》第三十三回中，贾宝玉因父亲贾政误听了忠顺府长史官的言语，说他私藏戏子；又听信贾环的挑拨说宝玉强奸金钏，使金钏跳井；再加之宝玉不爱读书，贾政一气之下，狠狠打了贾宝玉一顿，闹得一家人乱糟糟的。

挨打后，宝玉倚靠在炕上，众人纷纷来安慰、规劝、探望。薛宝钗探伤时，手里托着一丸药走进来，向袭人说道："晚上把这药用酒研开，替他敷上，把那淤血的热毒散开，即可痊愈。"说毕，递与袭人，又问道："这会子可好些？"宝玉道谢说："好了。"宝钗见他睁开眼说话，不像先前那样，心中也宽慰了好些，便点头叹道："早听人一句话，也不至今日。别说老太太、太太心疼，就是我们看着，心里也疼。"刚说了半句又忙咽住，自悔说的话急了，不觉得就红了脸，低下头来……

而当众人都走后，黛玉隐隐地坐立在宝玉的床头，宝玉犹恐是梦，忙又将身子欠起来，向脸上细细一认，只见两个眼睛肿的桃儿一般，满面泪光，不是黛玉，却是哪个？宝玉还欲看时，怎奈下半截疼痛难忍，支持不住，便"哎哟"一声倒下，叹了一声，说道："你又做什么跑来！虽说太阳落下去，那地上的余气未散，走两趟又要受了暑。我虽然挨了打，并不觉疼痛。我这个样儿，只装出来哄他们，好在外头布散与老爷听，其实是假的。你不可认真。"此时林黛玉虽不是号啕大哭，然越是这等无声之泣，气噎喉堵，更觉得利害。听了宝玉这番话，心中虽然有万句言语，只是不能说得，半日，方抽抽噎噎地说道："你从此可都改了罢！"宝玉听说，便长叹一声，道："你放心，别说这样话。就便为这些人死了，也是情愿的！"

这一役，林黛玉完胜薛宝钗。要知道，宝玉是刚挨完打，可头没被打，作为一个神智健全的人，为什么挨打他是心知肚明的，用不着别人再多费口舌。宝钗说"早听人一句话，也不至今日"，讲的是过去，而黛玉说的"你从此可都改了罢"，说的可是将来。古人说要"隐恶扬善"，"恶"是过去的恶，而"善"是将来的善。因此，如果要批评指责对方，就要对他之前做过的事情干脆不提，或者少提，毕竟逝者不可追，还是要看将来的，至于未来要怎样，这才是关键。反观黛玉所讲，也正是应了未来，你今天改邪归正，明天就是个好同志了。

老李结婚了，但是日子过得并不好，整天心惊胆战的。怎么了？老李在外面找了小三，怕他老婆知道。那他老婆知道吗？当然知道，女人的直觉一向很准，只是没有发作而已。话说这天晚上，和往常一样，老李回到家中，走到卧室，看到老婆正在看杂志，向她打了个招呼，老婆顺手将杂志扣放到了枕头上，说："老公，我去洗澡了。"随后翩然而出，老李就躺到了床上，闲着无聊，就好奇他老婆到底在看什么呢？于是老李就把杂志拿了过来，这一下不要紧，可把老李吓出了一身冷汗！您道是怎么回事？原来，杂志的那一页上说：在泰国，一个女性在得知老公出轨之后，趁老公熟睡的时候，用剪刀把老公的命根子给剪了！老李一看，呆若木鸡，赶紧把杂志放回原处，整理回原来的样子，生怕老婆知道自己翻看了她的杂志。随后老李心里就开始犯嘀咕了：老婆是不是知道这件事情了？万一晚上睡觉的时候被剪了怎么办？于是，老李把手伸到老婆的枕头底下仔细摸了一摸。还好，没有！心里的石头登时落下了，但是老李又一琢磨，这事不对啊，可能老婆并不知情，知情之后才会下手？或是老婆想改天趁他不备再下手？坦白从宽，抗拒从严，要不干脆向领导（老婆）坦白吧……老李神志有些恍惚，开始胡思乱想起来。就在这时，他老婆洗完澡回来，和往日一样，一切照旧，就像什么都没发生一样。而老李终日惴惴不安，每天睡觉前第一件事就是摸枕头，找剪刀。当然，打这天起，老李就再也没有出轨。

在出轨问题上，有不少人是因为忍无可忍，把对方狠狠斥责一番，动不动就撵出家门，可是这样做，于夫妻团结而言，是毫无益处的。大家都清楚，出轨一事不到万不得已，不能挑明，因为一旦挑明，恩义尽失，出轨的一方会因为被对方抓住把柄，感觉自己受制于人，终日惶恐，日子久了，就会朝着离婚的方向发展，这并非夫妻双方愿意看到的。老李的老婆深知这一点，于是采取了这种委婉，甚至"无声"的方法，咱也不明着批评指责你，就用一本杂志，成功地将老李玩弄于股掌之间，最终迫使他回心转意。

下面，让我们来总结一下。

首先，在一般情况下，最好不要指出对方的错误、缺点。

其次，认清劝说对方的时机。如果宝玉没挨打，宝钗劝他要听人言，他也不会听，一定要挨打了，受苦了，这才有听的可能。因此，劝说的时机往往在于对方遭受了一定的挫折，这时候由于亲身经历，劝告容易被对方所接受。若是对方没遭到挫折，比如在股市里赚得很爽，咱跟他说股灾马上就来，赶紧撤股，有谁会听？等股灾来的时候，赔钱了，他也不会去后悔当初没听我们，而是觉得我们是乌鸦嘴。

最后，劝说对方的时候，少提或不提他之前的"恶"，要多说他改正以后，会有哪些改善。

总之，规劝对方要看时机，时机不合适，采取避讳的态度，时机合适，则隐恶扬善。

留有余地，话不说满

《鬼谷子》讲："为强者，积于弱也；为直者，积于曲也；有余者，积于不足也。"意思是讲，强大是由微弱积累而成；直壮是由弯曲积累而成；有余是由于不足积累而成。

说话也是如此，话没说满，这就是不足，而正因为不足，才会有回旋的余地，这就是有余。俗话说得好，说出去的话，泼出去的水。话要是说满了，想要收回，可比登天还难。我们试想一下，若要收回，必须在原有的基础上加以修改，而原话已经说满了，再无修改余地，就好比一瓶水已经装满了，再想加水，除非把它倒掉，否则不可能实现。因此，话说满了是收不回来的。而对于没说满的话，想要收回，还是有可能的，即使是骂人的话，也能收回来。不信，我们看看下面这则故事。

马克·吐温的第一部长篇小说，是同查·沃纳合写的《镀金时代》。由于小说以一定的史实为根据，反映了国内战争后资本主义发展期间的投机暴发行为和政治腐败现象，以至于引起不少人的猜测。在一次酒宴上，记者采访了马克·吐温，询问小说中的政客、参议员狄尔华绥与国会议员有无联系。马克·吐温压抑不住他对那些政客们的愤懑，忍不住大骂道："美国国会中有些议员是混蛋。"

不久，记者将此言公诸报端，傲慢的华盛顿议员们极为愤怒，纷纷要求马克·吐温澄清或道歉，否则将绳之以法。吃了一辈子官司之苦的马克·吐温答应登报道歉。几天后的《纽约时报》上果然出现了马克·吐温向联邦议员的"道歉启事"：

日前鄙人在酒席上发言，说"美国国会中有些议员是混蛋。"事后有人向我兴师问罪，我考虑再三，觉得此语不恰当，而且也不符合事实。故特此登报声明，把我的话修改如下：

"美国国会中有些议员不是混蛋。"

显然，马克·吐温的"道歉"并不是真正意义上的道歉，这一来一回，相当于骂了两次，还弄得对方无可奈何。马克·吐温之所以能在批评对方的时候全身而退，重要的原因在于，他没有把话说满，给自己留了一条退路。试想一下，如果马克·吐温说："美国国会议员都是混蛋。"这可就回天乏术，收不回来了。

在日常生活中，说话说太满的例子屡见不鲜。就拿地域攻击来说，非要说某个省的人如何如何，某个城市的人如何如何……这种行为，不外乎你自己落水了，还非要把大家伙都拽上。另外，有时候随意这么一说，恰好对方就是那个地方的人，话又收不回来，太尴尬了。

明朝时期，才子唐伯虎，因为对门住的是暴发户，很看不起人家。

有一天，对门的儿子为母亲祝寿，热闹非凡。只因他家不是书香门第，在这祝寿之中，少了文墨的点缀，未免有些美中不足。这时候大家想起对门住的唐伯虎，他可是一位才子，如果能够瞻仰唐伯虎的墨宝，定能蓬荜生辉！就在这时，唐伯虎备了一些薄礼，前来庆寿了。大家都非常高兴。

席间，大家请唐伯虎题诗祝寿。唐伯虎毫不推却，立刻拿起笔来，第一句写的是"这个婆娘不是人"。第二句还未写下，大家都对他怒目而视，说寿星不是人，你还想不想混了？待要发作，看到唐伯虎写下第二句"九天玄女下凡尘"。大家非常高兴！没想到唐伯虎写下第三句"生个儿子去做贼"。这又使大家的情绪紧张起来。紧接着，第四句是"偷得蟠桃献母亲"。大家连连喝彩，盛赞唐伯虎的才学！

在上面这一段故事中，唐伯虎的不把话说满，主要体现在不急于下论断，因为一下论断，这件事就定性了，再想扭转，就太难了。于是他在恰当的时机下论断，既表达出自己的不满，也能全身而退。

根据刘宝瑞先生的描述，在古代，算命先生也常用这种方法，行话叫做"抽撤连环"，这种方法，能把说出去的话收回来。比如说，算命先生见我们过来，上前问道："这位仁兄，上个月您应该有一笔财到手……"这时算命先生拉长音，不下论断，仔细观察我们的双眼，叫做"定睛则有，转睛则无。"什么意思呢？如果我们真有一笔财到手，都会愣一下，算命先生怎么会知道？这叫"定睛则有"；若是没有，你这不是瞎说吗，眼睛自会打转，这叫"转睛则无"。现在算命先生拖长音，仔细观察我们，若是我们定住眼睛，他立马接着说"对六对？"若是我们转动眼球，他立刻说"只是被小人冲了，想必您还不知道吧。"总之，算命先生不急于下论断，使得无论哪种情况，他怎么说都能收回来。

下面我们来总结一下，怎样才能说话留有余地。

首先，最好不下结论。我们想想生活中那些收不回来的话，大都是结论。比如说有些美国国会议员是混蛋；这个婆娘不是人；不能与某地的人交朋友；某某全家都是坏人；某人说话不可信……这些都是结论。既然说结论容易得罪人，那么干脆咱就不下结论，一了百了，简单暴力。

其次，不轻易下结论。在有些时候，还非要我们下结论不可，这时我们可以根据马克·吐温的做法，适当加入"有些"、"有的"、"某些"、"一部分"等词语，加入这些词语的好处在于能让本来很满的话语变得不满。比如说"美国国会议员是混蛋"这句话，就说得很满，加入"某些"一词之后，就变成了"某些美国国会议员是混蛋"，这就不满了。因此，如果条件允许，还是尽量多使用这类词语。

时机未到，多说无益

《鬼谷子》说："无目者不可示以五色，无耳者不可告以五音。故不可以往者，无所开之也。不可以来者，无所受之也。物有不通者，圣人故不事也。"意思是说，对于没有视力的人，是没有办法向他展示颜色；对于没有听力的人，也无法跟他讲声音上的感受。不该去的地方，是因为没有可以沟通的对象。不该来的地方，是因为那里没有能接受我们想法的人。对于无法沟通的人，即便是圣人也不会跟他说话。

俗话常说，秀才遇上兵，有理说不清，对于那些不讲理的人，多说无益。当然，这是针对那些无法沟通的人而言，而在生活、工作中，我们往往由于自身的阅历不够、经验不足，将亲友的忠告视作耳旁风，成为"不可理喻"的人。

春秋时期，齐国宰相管仲得了重病，临终之时，齐桓公前去探视，问道："仲父（齐桓公对管仲的尊称）的病很严重了，有什么话交代给我？"管仲说："齐国的乡下人有句谚语说道：
'家居的人不用准备外出时车上装载的东西。行路的人不用准
备家居时需要埋藏的东西。'现在我将要远离人世了，还有什
么可说的？"齐桓公说："仲父万万不要谦让。"管仲回答说：
"希望君王疏远易牙、竖刁、常之巫、卫公子启方。"齐桓公说：
"易牙不惜烹煮自己的儿子以满足我的口味，这样的人还能够
怀疑吗？"管仲回答说："人的本性不是不爱自己的儿子啊。
自己的儿子都忍心煮死，对君王又将会有什么不忍呢？"齐桓
公又说："竖刁阉了自己以便能接近我，这样的人还能够怀疑
吗？"管仲回答说："人的本性不是不爱自己的身体啊。自己
的身体都忍心阉割，对君王又将会有什么不忍呢？"齐桓公又
说："常之巫能审察死生之理，能驱除鬼降给人的疾病，这样
的人还能够怀疑吗？"管仲回答说："死和生是命中注定的，
鬼降给人的疾病是由于精神失守引起的。君王不听任天命，守
住精神，却去依靠常之巫，他将因此无所不为了。"齐桓公又说：
"卫公子启方侍奉我十五年了，他的父亲死了都不敢回去哭丧，
这种人还能够怀疑吗？"管仲回答说："人的本性不是不热爱
自己的父亲啊。父亲死了都忍心不回去奔丧，对君王又将会有
什么不忍呢？"齐桓公说："好吧。"

　　管仲死后，齐桓公把易牙、竖刁、常之巫、卫公子启方全
都驱赶出去。四人一走，齐桓公无处解闷，生活就很不习惯，
吃饭不香，睡觉也不安稳，怪病四起，朝政混乱。

　　齐桓公如此忍了三年，终于受不了了，骂道："仲父未免

也太过分了吧？怕是病糊涂了，胡说八道，骗我把他们赶走！谁说仲父的话都可信呢？"于是又把他们全都召了回来。又过了一年，齐桓公生病，常之巫从宫中出来，宣布："齐桓公将不久于人世。"易牙、竖刁、常之巫共同作乱，堵塞宫门，筑起高墙，不准人进宫，假称这是齐桓公的命令。有一个妇人翻墙进入宫内，到了齐桓公那里。齐桓公说："我想吃东西。"妇人说："这附近没有地方能弄到吃的。"齐桓公又说："我要喝水。"妇人说："这附近也没有地方能找到水。"齐桓公说："这是什么缘故？"妇人回答说："常之巫从宫中出去说：'你将不久于人世。'易牙、竖刁、常之巫共同作乱，堵塞宫门，筑起高墙，不准人进宫，所以没有地方能弄到食品和水。卫公子启方带着四十个书社[1]投靠了卫国。"齐桓公慨然叹息，流着眼泪说："唉！圣人所预见到的，难道不是很远吗？如果死者有知，我将有什么面目去见仲父呢？"于是用衣袖蒙住脸，死在寿宫。齐桓公死后，三个月没有入棺，九个月没有安葬。蛆虫都从门缝中爬出。

其实管仲在一开始的时候就知道，即使说出来，齐桓公也不会听他的，于是管仲不说。直至齐桓公一再追问，才说出口。管仲所言，都是为了齐桓公好，可是由于齐桓公的见识和经历不够，并不能完全理解管仲的深意，最终还是没听他的。

---

1 书社：古制二十五家立社，把社内人名登录簿册，谓之"书社"。

正如《吕氏春秋》所讲："智者其所能接远也，愚者其所能接近也。所能接近而告之以远化，奚由相得？无由相得，说者虽工，不能喻矣。"是说智者的眼光长远，愚者目光短浅，将预见的事情告诉只看眼前的人，对方又怎会理解？即便说得再好，对方也不懂。

在 20 世纪 70 年代，福特汽车公司的平托（Pinto）是美国销售量最好的超小型车之一。然而不幸的是，当另一辆车从后面撞上它时，它的油箱容易爆炸，有 500 多人因为自己的平托突然着火而丧生，有更多的人严重烧伤。其中一名烧伤受害者为这一有缺陷的设计而状告福特汽车公司，这显示出，福特的工程师们早就应该意识到了这种油箱所带来的危险。然而，公司的经理们作出了一项得失分析后认为，修补这种油箱所获得的利益（包括所挽救的生命和所阻止的伤害）并不值得他们在每辆车上花费 11 美元——这是给每辆车装上一个可以使油箱更加安全的设施所需要的花费。

为了计算出一个更安全的油箱所获得的益处，福特估计，如果不作改变的话，这种油箱可能会导致 180 人死亡和 180 人烧伤。然后，它给每一个丧失的生命和所遭受的伤害定价——一条生命 20 万美元，一种伤害 6.7 万美元。它将这些数目以及可能着火的平托的价值相加，计算得出，这一安全性改进的总收益将是 4950 万美元，而给 1250 万辆车逐一增加一个价值 11 美元的装置，将会花费 1.375 亿美元。因此，该公司最后得出结论，维修油箱所用的花费，比不上一辆更安全的汽车所带来的收益。

这里我们不去讨论福特汽车公司的道德问题。仅从这例子来说，作为福特汽车公司的员工，出于对他人生命安全的考量，当然有足够的理由去劝阻老板。保障他人的生命安全，其实也是在维护企业的信誉，从公司的长远发展角度来说，可以视为长远利益；然而作为老板，明显对此不感兴趣，他所追求的利益就是钱，不择手段，怎样做能赚更多钱，就怎么来。因此，员工若是说服老板应以他人人身安全为重，很可能就被炒鱿鱼了。不过，福特汽车公司最终受到了惩罚——被判罚金 1.25 亿美元。

而在工作、生活中，这类的情况也频有发生，比如父母教育孩子少玩游戏，多看看书，是为孩子的将来着想，可是孩子就是不听；再如工厂里老师傅教授新学徒安全生产的知识，结果学徒不以为意。

其实，对于这些情况，说话是要看时机的。管仲为什么一开始不打算说，还不是因为时机没到，说了齐桓公也不会懂。因此，没有时机，我们就要创造时机。再回到上面的问题，孩子之所以不听，是因为完全意识不到问题的严重性，为此，父母可以让孩子适当参加一些社会实践，比如去工地搬砖、卖西瓜等等，让他们身体力行，知道钱不好挣。相较于之前，时机就显得较为成熟，再配以合适的说辞，效果肯定比之前单纯的说教要好很多；老师傅也可以让学徒看一些生产事故的视频、照片，让学徒意识到安全生产关乎自己的生死问题，从而激发自身学习的动力。

总之，我们在给对方提出建议之前，最好先考虑一下时机是否成熟，对方能否接受，否则，说了不仅白说，还让对方觉得咱们痴人说梦。

第七章
抵巇：留意说话中的陷阱
——常见的说话谬误

　　在生活中，我们总以为自己说话讲道理，可事实上却并非如此。说话中的谬误无处不在。在谬误面前，极少人能够全身而退。那些看似"讲理"的事情，往往都隐藏着谬误。

说话不讲理，无处不在

《鬼谷子》云："自天地之合离终始，必有巇（xī）隙，不可不察也。"意思是说，自天地开创以来，就有"间隙"，不能不察觉。在这里，所谓的"间隙"指的就是谬误，以此形容谬误无处不在。所谓谬误，简单来说，就是不讲理。

相信大家都很清楚，什么是讲理，什么是不讲理。比如下面这个例子：

市场上，有个女商贩在熙熙攘攘的人群中卖鸡蛋，一位女顾客挑拣以后说："你卖的鸡蛋是臭的呀！"

女商贩一听，立即回敬道："什么？我的鸡蛋是臭的？你自己才臭呢！你们全家都是臭的。你怎么敢这样说我的鸡蛋？你爸爸吃了虱子，你妈妈跟法国人相好吧！你奶奶死在养老院了吧？瞧你的帽子和漂亮的衣裳大概是床单做的吧？除了军人的情人，是不会像你这样靠打扮出风头的！像你这样的女人，只配坐监牢，你回家去补补你袜子上的窟窿吧！"

显然，对于这种的说话"不讲理"，我们还是能区分出来的，但是有些则不然。比如下面这个例子：

在某电影上映期间，网上充斥着各种影评，褒贬不一。其中有一条，大意是说："这部电影拍得不甚理想。"紧接着便遭到了影迷的各种抨击，比较常见的是："你说这电影不好，有本事你去拍一部啊。"

相信大家会认为此回复说得很有道理，我们在生活中也经常这么说，怎么会有问题呢？其实，这种回复，和女商贩的回复，在本质上是没有区别的。

当别人指出女商贩所卖鸡蛋是臭的时，女商贩本应该用事实证明自己所卖的鸡蛋不是臭的，而不应该说对方全家都是臭的，这样的回答简直是牛头不对马嘴；而在本例中，对方反映的问题是电影拍得不理想，回复者较为合理的回复应该是摆事实，讲道理，以此说明电影是拍得如何如何好，而不是说有本事你也拍一部，可谓是风马牛不相及。因此，二者没有差别，都是说话不讲道理的表现。

其实，谬误是广泛存在的，只是我们不留意而已。英国著名心理学家巴特利特说："测定智力技能的唯一最佳标准可能是检测并摒弃谬误的速度。"因此，为体现出我们的智慧，我们应该在说话中，时刻留意身边的谬误。本章将结合现代谬误理论，给大家简单介绍几种常见的谬误。

大伙都这么说——"诉诸公众"的谬误

在生活中，我们经常受到身边人的影响，别人有的东西，我要有；别人抢什么，我也要抢什么；别人去炒股，我也要去炒股……

每到开学的时候，电子产品市场显得就格外火热。据电子产品销售柜台的员工透露，开学的时候，购买苹果产品的学生会骤然增多，并且多是家长陪同，然而在这些家庭中，有的欣然而归，有的面露难色。"她上来就要买 iPhone、iPad 和 Mac Book 这'苹果三件套'，而且都得是高配，超过 2 万元支出让母亲觉得有些吃不消。"一位正在购买产品的母亲说道，她刚说完这些，身边的女孩儿大喊一声："其他同学都有，就我没有，这不是让我在大学丢脸吗？"说完便扔下母亲，扬长而去。

其实，上例中的女孩犯了"诉诸公众"的谬误。这种谬误的特点在于以公众或特定团体中大多数人对某一观点的接受为根据，以此来判断此观点的合理性，而无视这一观点本身的合理性。简单来说，就是其他人都有，所以我也要有；其他人都这么说，所以我也这么说；其他人这么干，我也要这么干。归根到底，属于从众心理。

大家也不要过于自责，这种谬误，其实早在儿时，我们就已经犯了。当家长不给我们买心爱的玩具时，我们的借口往往是幼儿园的其他小朋友都有，就我没有，这不是让我在幼儿园交不到朋友吗？

在日常生活中，"诉诸公众"的谬误简直太常见了，充斥着QQ、微信、微博，比如下面著名的"抢盐风波"。

2011年3月11日，日本东海岸发生9.0级地震，地震造成日本福岛第一核电站1—4号机组发生核泄漏事故。谁也没想到这起严重的核事故竟然在中国引起了一场令人咋舌的抢盐风波。从3月16日开始，中国部分地区开始疯狂抢购食盐，许多地区的食盐在一天之内被抢光，期间更有商家趁机抬价，市场秩序一片混乱。引起抢购的是两条消息：食盐中的碘可以防核辐射；受日本核辐射影响，国内盐产量将出现短缺。

经查，3月15日中午，浙江省杭州市某数码市场的一位网名为"渔翁"的普通员工在QQ群上发出消息："据有价值信息，日本核电站爆炸对山东海域有影响，并不断地污染，请转告周边的家人朋友储备些盐、干海带，暂一年内不要吃海产品。"

随后，这条消息被广泛转发。16 日，北京、广东、浙江、江苏等地发生抢购食盐的现象，产生了一场全国范围内的辐射恐慌和抢盐风波。

3 月 17 日午间，国家发改委发出紧急通知强调，或国食用盐等日用消费品库存充裕，供应完全有保障，希望广大消费者理性消费，合理购买，不信谣、不传谣、不抢购。并协调各部门多方组织货源，保障食用盐等商品的市场供应。18 日，各地盐价逐渐恢复正常，谣言告破。

让我们来理性地分析一下，就辐射而言，对日本的污染肯定是最严重的，然后依次减弱……我们不妨先假设这条谣言是正确的，日本人民受灾最严重，他们去抢盐也是最名正言顺的，试问他们有去抢盐吗？为什么不去抢呢？思考完这些问题，想必大妈的抢盐激情随之冷淡。

类似这样的网络谣言不胜枚举，网络谣言不仅败坏个人名誉，给受害人造成极大的精神困扰，更损害国家形象，影响社会稳定。因此，面对谣言，我们应该多一些独立思考的精神，少一些盲目从众，以免上当受骗。

学生是否具备"三件套"，我们应该考虑没有"三件套"是否严重影响学习，毕竟学生还应以学业为主，而不是其他同学有咱就必须有；关于是否抢盐的问题，我们应该考虑食盐是否被污染，而不是邻居抢，我也跟着抢；孩子学不学钢琴，那是孩子的兴趣问题，不能因为同事的孩子学，咱家的孩子也就应该去学……

　　总之，我们是否同意某一观点，并不能因为多数人这么认为，我就应该这么认为。而是应该考察该观点本身的合理性。要知道，真理总是掌握在少数人手中。

专家说的都是对的——"诉诸权威"的谬误

在我们上学的时候，老师往往会要求我们在写作时最好引用名言警句，以增强文章的说服力；而在生活中，当我们面对比较陌生的领域时，比如养生、金融、收藏等领域，我们都会倾向于相信专家、学者的意见，这是人之常情，毕竟我们不懂，需要专业人士的帮忙。

美国耶鲁大学的霍夫兰教授曾做过这样的实验：请两组大学生同时阅读一篇讨论原子弹的文章，但只对第一组学生说明文章作者是美国著名的核物理学家，对第二组则说是在《苏联真理报》登的，结果发现第一组同意文章观点的人数，是第二组同意文章观点人数的四倍！

实验结果表明：对于外行人而言，我们判断一个观点是否合理，并不在于观点本身是否合理，而在于这个观点是谁提出的。

多么荒谬的想法！专家说的，永远是光荣伟大正确；业余者说的，根本是一派胡言！可是，专家说的话就一定都是对的吗？

伽利略是 17 世纪意大利伟大的科学家。他在学校念书的时候，同学们就称他为"辩论家"。他提出的问题很不寻常，常常使老师很难解答。

他想：如果这句话是正确的，那么把这两个铁球拴在一起，落得慢的就会拖住落得快的，落下的速度应当比 10 磅重的铁球慢；但是，如果把拴在一起的两个铁球看作一个整体，就有 11 磅重，落下的速度应当比 10 磅重的铁球快。这样从一个事实中却可以得出两个相反的结论，这怎么解释呢？

伽利略带着这个疑问反复做了许多次试验，结果都证明亚里士多德的这句话的确说错了。两个不同重量的铁球同时从高处落下来，总是同时着地，铁球往下落的速度跟铁球的轻重没有关系。伽利略那时候才 25 岁，已经当了数学教授。他向学生们宣布了试验的结果，同时宣布要在比萨城的斜塔上做一次公开试验。

消息很快传开了。到了那一天，很多人来到斜塔周围，都要看看在这个问题上谁是胜利者：是古代的哲学家亚里士多德呢，还是这位年轻的数学教授伽利略？有的说："这个青年真是胆大妄为，竟想找亚里士多德的错处！"有的说："等会儿他就固执不了啦，事实是无情的，会让他丢尽了脸！"

伽利略在斜塔顶上出现了。他右手拿着一个 10 磅重的铁球，左手拿着一个1磅重的铁球。两个铁球同时脱手，从空中落下来。一会儿，斜塔周围的人都忍不住惊讶地呼喊起来，因为大家看见两个铁球同时着地了，正跟伽利略说的一个样。这时大家才明白，原来像亚里士多德这样的大哲学家，说的话也不是全都对的。

亚里士多德是世界古代史上伟大的哲学家、科学家和教育家，堪称希腊哲学的集大成者。作为一位百科全书式的科学家，他几乎对每个学科都做出了贡献。因此，过于盲从亚里士多德，就会犯了"诉诸权威"的谬误，即认为权威说的话都是对的。然而事实证明，权威所说的话也不一定全是对的。

正所谓人无完人，权威也不是神，也会犯错误，再加上当今"砖家"泛滥，可谓是真假难辨！因此，我们不能盲从于专家、学者的建议，要多查资料，多方参考，不能偏听偏信。

在当今生活中，走在路上，路旁有广告；回到家打开网页，网页上有广告；看个电视，还有广告——广告无处不在。细看这些广告，大都有明星代言，商家也是利用了明星效应，扩大宣传。在观看广告之后，给朋友介绍这款产品时，我们也会说某某明星用的品牌，肯定错不了。可是，明星代言的产品就一定是好产品吗？

2008年，"三鹿奶粉"事件爆发，可谓是家喻户晓，多位食用三鹿奶粉的婴儿被发现患有肾结石，其奶粉中有化工原料三聚氰胺。该事件令此前曾为三鹿做过代言广告的明星受质疑，有消费者甚至将代言明星告上法庭。

明星在他所擅长的领域，比如唱歌、表演，可谓是专业人士，但是到了食品健康领域，不见得就比我们高明多少。因此，我们不能过于迷信明星效应。

总之，对于我们相对陌生的领域，听从权威的意见无可厚非，但是前提是要知道他是否是该领域的权威。其次，评判观点是否有道理，应该是看观点本身是否合理，而不能由观点的提出者决定。不能同样的观点，专家 A 提出就正确，员工 B 提出就错误。简而言之，考察提出观点的人是谁，不重要，重要的是观点本身是否正确合理。

能穿多少穿多少——避免使用歧义语句

说到歧义，想必我们都不陌生，下面有几道考试题，大家不妨来看看：

请考生写出以下题目中两句话的区别。

1. 冬天：能穿多少穿多少；夏天：能穿多少穿多少。

2. 剩女产生的原因有两个：一是谁都看不上，二是谁都看不上。

3. 地铁里听到一个女孩给男朋友打电话，"我已经到西直门了，你快出来往地铁站走。如果你到了，我还没到，你就等着吧。如果我到了，你还没到，你就等着吧。"

4. 单身的来由：原来是喜欢一个人，现在是喜欢一个人。

在职场中，领导安排工作小组时说："你们九个人一组"，我们既可以理解为"你们 / 九个人一组"；亦可以理解为"你

们九个人 / 一组"。当上司安排任务时，下属说："这份报告，我写不好。"领导可能认为是下属能力有限，写不好；也可能认为是态度问题，不愿意写。公司总部通知："让李经理本月21日前去汇报"，李经理就纠结了，到底是在本月21日之前去就可以，还是只能在21日这一天去？

在日常生活中，丈夫对妻子说："饭不热了。"这就有两种理解，一是不用热饭了，凉的也可以吃；二是饭凉了。朋友说"他原来住在这里"时，既可以理解为他以前住在这里，也可理解为没想到他就住在这个地方。

因此，在平时说话的时候，要尽量避免使用歧义句，以免造成误会。此外，也有人为达到某种目的，故意使用歧义句，迷惑大家。

从前，有一个人，为了安排老年父母的后事，就请算命先生占卜父母百年先后。算命先生听他报父母生辰时流露出凄凉的口气，便说："父在母先亡啊！"那占卜的人说："先生，我母亲还在呀！"算命先生说："是啊，父亲在母亲之先百年啊！"占卜人说："我父亲也在啊！"算命先生说："是啊！日后你父亲在你母亲之前百年啊！"占卜人的妻子一旁道："先生，你说错了，他母亲早逝了！"算命先生道："对呀！那就是父亲在，母亲先亡了！"

不知道大家是否看出其中玄机，"父在母先亡"在任何情况下，都可以自圆其说。若是父母健在，可以解释为在将来父亲先于母亲去世；若父亡，母健在，则表明算命先生已经算得父亲在母亲之前离世；若父健在，母亡，则解释为父在，母先亡；若父母双亡，也可以解释为"父亲在的时候，母亲就去世了。"或者是"父亲在母亲以前就去世了。"如此说来，无论当事人是何种情况，算命先生都可谓是"料事如神"！

上述的歧义都有一个特点，是由于结构或词语多义导致歧义，下面我们说一说另一种歧义类型。

一日，老婆问正在打游戏的老公："'巍峨'的'峨'怎么写？"老公立刻答道："山我。"老婆会意，立即打了老公一巴掌。老公以为回答错误，细想一下，没错啊，继续回答"山我！"，随即又挨一巴掌……

这位可怜的老公若是用纸笔写下"山我"，想必也就没有"扇我"的惨剧了。这种歧义的特点在于同音。

在 2002 年央视春晚上，在由赵本山、高秀敏、范伟表演的小品《卖车》中，曾有这样的一个题目，问："地上一个猴，树上 'qi' 个猴，一共几个猴？"范伟所饰演的范厨子一时答不上来，原因在于"qi"的读音上，或者是"骑"，或者是"七"，说得含糊一些，就答不上来了。

生活中这种由语音导致的歧义也很常见，比如老王说自己是管"财 wu"的，到底是"财务"，还是"财物"？还真是傻傻听不出。再如，小张说今晚陪女朋友看"yue剧"，是"越剧"还是"粤剧"呢？

　　总之，歧义是较为常见的语言现象，为了使我们的表达更加清晰准确，在说话的时候，应当尽量避免使用歧义语句、语词；此外，若是对方使用了歧义语句或语词，致使我们无法确定对方的真实含义，此时应该稍作询问，以免造成不必要的麻烦。

你行你上——"诉诸公平"的谬误

先说说鲁迅先生是如何劝学生不要吸烟的。

一日课上，鲁迅先生语重心长地对学生讲："吸烟有害健康，请大家以后不要吸烟！"说完，鲁迅先生点了一根烟，慢慢抽了起来……此情此景，让学生很无语，有学生就站了起来，说："老师，您不是说吸烟有害健康吗，为什么您还在吸烟？"若是一般人，就被问住了，这不是打脸吗？鲁迅先生可不是一般人，他娓娓道来："正是因为我抽烟，所以才知道吸烟对身体不好，你看，现在戒不了，悔之晚矣！"

学生的疑惑在于鲁迅先生抽烟劝大家不抽烟，而自己却在吸烟，没有说服力。其实，学生们犯了"诉诸公平"谬误，这种谬误多出于批评的场合，当有人指责某种不合理的行为时，被批评的人就会反问对方："你不是也一样吗？有什么资格来说我？"这也就意味着，与他处于同一水准或者低于他的人都没有资格批评他，唯有那些近似完美的人才有资格说他，可是，就算是这种近似完美的人劝说他，他也不见得会听。试问找一个不吸烟的劝学生别吸烟，学生会听吗？该不听还是不听。这种行为，不外乎是在给自己找借口。

其实，这种谬误在日常生活中经常出现，有人说电影拍得不好，有本事你拍一个啊！说这幅画画得不好，有能耐你去画一幅啊！说这道菜不好吃，有能力你去做一道啊！有如此类的不胜枚举。

我们来分析一下，这些问题除了之前所说的问东答西之外，还存在着一定的混淆。说别人的电影拍得不好、画画得不好、菜不好吃，体现出的是电影鉴赏能力、绘画鉴赏能力以及品尝的能力，而这些能力所对应的职业分别是：影评人、鉴赏家和美食家。我们再看看回复，所谓的拍一部、画一幅、做一道，对应的能力分别是制作电影的能力、画功以及厨艺，这些能力对应的职业分别为：导演、画工、厨师。此等回复，相当于是要求影评人去干导演的活，鉴赏家从事绘画工作，美食家去当厨子，当然，我不否定有人能身兼二者，既是美食家，又是名厨，但这并非普遍现象，若是影评人都能去干导演的活，那我们还要导演干什么？

因此，为避免此类谬误的产生，当别人批评我们，提出建议时，我们应当考量建议本身是否具有合理性，而非针对于提建议的人是否有资格，有这个想法本身就有点不讲理了，这不等于见人下菜碟吗？换句话说，谁说的不重要，合不合理才是最重要的。

谁敢比我惨——"诉诸怜悯"的谬误

在小说、影视作品中，多有如下桥段：

古典名著《水浒传》第四十三回，有个人物李鬼，冒名顶替李逵大名，拉大旗作虎皮，冒用"江湖上有名目，提起好汉大名，神鬼也怕"的黑旋风李逵名号，剪径劫单人，拦路抢劫。他脸上搽墨，手持两把板斧打劫，一般客人听到李逵大名，都扔了行李，望风而逃，李鬼以此劫点不义之财。正所谓无巧不成书。这天，假李逵遇到真李逵，露出李鬼原形。他谎称"家中有九十几岁的老母，无人赡养"，被李逵放走。李逵感其孝顺，赠银十两，让他改业自新。但李鬼不思悔改，又欲用麻药加害李逵，结果被李逵杀死，坏了自家性命。

李逵是孝子，听到李鬼这么说，怜悯之心顿生，于是放了他。这是典型的"诉诸怜悯"谬误，意图通过诉说悲惨遭遇，来转移我们的关注点。我们不能因为出于怜悯、同情，而忘了他是强盗。即便到了现代，在法庭上，也不可能因为李鬼家中有九十几岁的老母，无人赡养而给他缓刑。

现如今，"诉诸怜悯"可谓比比皆是。就拿选秀节目来说，《京华时报》的评论可谓一针见血：

每位成功的选秀歌手，他们背后必然有一个生动的故事，煽情是节目必不可少的元素，故事虽然多种多样，但逃不出三种经典模式。

第一种，穷。这类选手一定要穷、苦、惨三合一，住在地下室，吃小摊，但为了梦想，这一切都不算什么；

第二种，病。单亲家庭、亲人病重，都是催泪点，逮着机会宣布自己的家庭情况，就是牢牢握住了评委和观众的心；

第三种，丑。如果又无法装作穷人，家庭又很圆满，也不想作假夸张的话，那么只有考虑从自身出发。长得不美的，就把自己往自闭里整，动不动就是人生很自卑，只有音乐拯救我。有点肥胖的，就往憨厚中走，称人生很苦经常被歧视，音乐是他唯一的朋友。

在 2009 年春晚，赵本山表演的小品《不差钱》，就有讽刺"诉诸怜悯"的情景——让鸭蛋诉说自己的痛苦，不说出不了名。正所谓恻隐之心，人皆有之。诉说自己的不幸遭遇，是能博得大家的同情，但是同情不等于对能力的认可，我们不能出于对对方的同情，而盲目投出自己宝贵的一票。否则，节目的本质就变了，不再是能力的比拼，而更像是"谁比谁惨"。

相声大师刘宝瑞在作品《扎针》中，给我们讲了一个关于不法商贩利用了"诉诸怜悯"，欺骗消费者的故事：

在火车站，马路边上，有一个人说："我打关外来找我舅舅，我舅舅死了，也没找到，我现在没钱回去，身上就剩这个了，您行行好，买了它吧，够我回家的路费就行。"说完，拿出一个盒，盒上写着三个大字——人参王。觉得可怜，买吧，买了就上当，您当是人参，其实是萝卜、香菜根做的。

出于同情，施舍乞丐，无可厚非，然而当今却有很多"假乞丐"大行其道，利用我们的怜悯，赚得盆满钵满。据有关报道说，在迪拜，一些"假乞丐"每个月甚至可以乞讨到约合人民币 47.6 万元。

因此，我们所作出的任何判断，都不能受到情感影响，不能因为对方老母无人赡养，就给对方减刑；也不能因为对方凄惨，就给对方投票；更不能因为对方可怜，就去买萝卜香菜。理性告诉我们，不要被情感所左右，咱就事论事。

不是好人，就一定是坏人——"非黑即白"的谬误

在我小的时候，无论是听父母讲故事，还是陪父母看电视，都特别爱问大人："这是好人还是坏人呢？"在孩子的意识中，世界上的人，只能有两种：好人和坏人。一个人，要么是好人，要么就是坏人，而在他们之间，不存在第三种人。如果是好人，我就喜欢他；如果是坏人，我就讨厌他。这种非黑即白、非此即彼的思维方式，至今还影响着我们。

几年前，有媒体在一篇文章中提到，在上海一所小学一年级语文考试中，一名小学生在回答"如果你是孔融，你会怎么做？"的题目时，称"我不会让梨"，却被老师打了大大的红叉。这张试卷被孩子的父亲发现后，拍成照片发到微博上，被网友转发了2000多次，评论700多条。孩子父亲想不通：这就是如今的教育吗？如果是你，会怎么回答呢？

在老师看来，让梨是正确的，不让梨是错误的。然而在生活中，是否让梨，并没有严格意义上的对错之分，有的只是合理与不合理。而从道德的角度看，我们可以认为"让梨"是一种道德高尚的行为，但这并不意味着"不让梨"就是道德沦丧的行为，在高尚与沦丧之间，显然中间还是有过渡的。

"非黑即白"的特点在于非此即彼，中间没有过渡环节，是一种绝对化的思维模式，这种简单、机械的思维方式，往往会直接影响一个人的情绪和身心健康。

一日，妻子给丈夫端来了一碗刚煲好的汤，丈夫看见汤上的浓浓蒸汽，埋怨道："我不喜欢喝这么热的汤。"妻子听后，心想好心当成驴肝肺，反诘道："你是喜欢喝冰冷的汤了？"于是又端来一碗冷汤。丈夫很生气："你这是成心不让我喝汤！"妻子火冒三丈："你是故意折腾我，热了不行，冷了也不行，我不伺候你！"一场血雨腥风即将开幕……

在妻子看来，汤只有两种——热汤和冷汤。似乎她忘记了，还有第三种汤，它的名字是"温汤"。而在现实生活中，这样的错误也常常发生。

在职场中，领导不提倡大家私下聚会，于是就有人开始传话：领导反对我们私下聚会……竞选职务失败了，就以为自己以后再没有了发展前途了……

面对高考落榜，就认为自己是彻底的失败。"我没有考上大学，我的一生就要完蛋了。"只要生活中出现失利的事情，这类思维方式的人就会倾向于用一种非黑即白的方式去评价事情。

在面对爱情、婚姻和事业方面，"非黑即白"者的处理态度也很特别，他们会偏好用"绝对两分法"来区别天下的人与事。面对爱情：爱情这东西，不是快乐，就是痛苦；面对男人：男人若不是百分之百的好，就是百分之百的坏；面对好人坏人："好人"做不出坏事，而"坏人"就是专做坏事；面对结果：如果不能达到自己制订的"完美"标准，就觉得自己"完全"失败了。

因此，在生活中，我们要避免这种机械的思维方式，世界是多姿多彩的，难道就只有"黑"与"白"吗？

不听话我就揍你——"诉诸强力"的谬误

一般而言，说话讲道理，摆事实，能够让对方接受我们的观点。然而有的时候，采取简单暴力的方式也能让别人服从。

秦二世时，丞相赵高野心勃勃，日夜盘算着要篡夺皇位。可朝中大臣有多少人能听他摆布，有多少人反对他，他心中没底。于是，他想了一个办法，准备试一试自己的威信，同时也可以摸清敢于反对他的人。

一天上朝时，赵高让人牵来一只鹿，满脸堆笑地对秦二世说："陛下，我献给您一匹好马。"秦二世一看，心想：这哪里是马，这分明是一只鹿嘛！便笑着对赵高说："丞相搞错了，这里一只鹿，你怎么说是马呢？"赵高面不改色心不跳地说："请陛下看清楚，这的确是一匹千里马。"秦二世又看了看那只鹿，将信将疑地说："马的头上怎么会长角呢？"赵高一转身，用手指着众大臣，大声说："陛下如果不信我的话，可以问问众位大臣。"

大臣们都被赵高的一派胡言搞得不知所措，私下里嘀咕：这个赵高搞什么名堂？是鹿是马这不是明摆着吗！

一些胆小又有正义感的人都低下头，不敢说话，因为说假话，对不起自己的良心，说真话又怕日后被赵高所害。有些正直的人，坚持认为这是鹿，而不是马。还有一些平时就紧跟赵高的奸佞之人，立刻表示拥护赵高的说法，对皇上说，"这确是一匹千里马！"

事后，赵高通过各种手段把那些不顺从自己的大臣纷纷治罪，甚至满门抄斩。

由此可见，人们迫于强权暴力，会承认违反事实的事情。"诉诸强力"谬误的特点也就在于此，依靠强权、暴力等手段，强迫别人违背自己意愿，承认自己不认可的事，逼迫别人做自己不愿意做的事。不听话我就收拾你，这种方式可谓是简单粗暴。

在古代，暴君喜欢用——不听寡人者，杀无赦！强盗也喜欢用——此山是我开，此树是我栽，要想过此路，留下买路财，胆敢说个不，上前揪脑袋。

即使到了现代，类似的现象也很多。在教育子女的问题上，有些父母会采取这种方式——叫你不听话，看我不打死你！在职场中，有些上司也会这样——不服从我的安排，是不是想炒鱿鱼啊？

总之，"诉诸强力"技术含量低，效果"特别好"，深受广大"消费者"的喜爱。然而使用者却忽视了非常重要的一点，此类产品的毒副作用非常大，过量使用，会被反噬。

作为周朝的第十代国王，周厉王奢侈荒淫，花钱如流水。没过多久，国库空虚，入不敷出。为了维持奢靡的生活，周厉王决定增加赋税。可是该收的税都收了，怎样巧立名目征税呢？这时，荣夷公建议，对一些重要物产征收"专利税"。不论是王公大臣还是平民百姓，只要他们采药、砍柴，捕鱼虾、射鸟兽，都必须纳税；甚至连喝水、走路也得纳税。厉王觉得很棒，于是让荣夷公来实行。

"专利税"的征收，无疑是让百姓的生活雪上加霜，顿时民怨沸腾，咒骂厉王不得好死。厉王知道以后，派人去监视老百姓，如果发现有人谈论"专利税"，咒骂厉王，就抓来杀头。如此一来，整个世界"清静"了。

厉王认为自己的"诉诸强力"产生了效果，沾沾自喜，对召公说："你看，还有谁在说什么吗？"召公说："百姓们的嘴虽被勉强堵住，但是他们的抱怨变成怨气了。正如把水堵住，一旦决口，伤人更多；而应采用疏通河道的治水方法，治民也是这个道理，应该广开言路。如今大王以严刑苛法，堵塞言路，不是很危险吗？"厉王对召公的话置之不理，反而更加残酷地实行残暴的统治。

哪里有压迫，哪里就有反抗。百姓实在忍受不下去了！他们聚集起来，冲向王宫，去找厉王算账。周厉王见风紧，将太子姬静托付给召公，自己逃跑到了彘（zhì）。

愤怒的百姓找不到厉王，怒火难平，决定拿太子抵罪。得知召公收留了太子，于是就包围了召公的家，勒令交出太子。召公为了国家社稷，谎称自己的儿子就是太子，使得太子免遭杀害。

由于太子年幼，由召公、周公共理朝政。周厉王最终在彘去世。

"防民之口甚于防川"，就是出自这里。周厉王也正是犯了"诉诸强力"的谬误，以为依靠暴力，就能让人民屈服，然而这只是一时的。"诉诸强力"的方式并不能以理服人，它只能让人口服，却不能心服。

由此可见，暴力解决不了问题，我们反观那些过度使用"诉诸强力"的人，结果往往不是很好。赵高虽然一时震慑住了群臣，但是最终还是死于大臣之手，并且三族（父族、母族、妻族）被杀。周厉王被流放，最终死在了彘。李鬼剪径，遇到李逵，就真做成了鬼。

若是父母仅仅依靠棍棒教育子女，而不跟孩子好好讲道理，一般而言，子女也会怨恨父母；而对于那些要挟员工的上司，其治下的员工工作质量普遍低下，私底下怨声载道。

因此，在生活中，我们尽力避免"诉诸强力"的使用，为了社会的安定团结，不要一言不合就开打，毕竟大家都是读书人，咱有话好好说。

谬误也可为我所用——"抵巇"的方法

《鬼谷子》言:"巇始有朕(zhèn),可抵而塞,可抵而却,可抵而息,可抵而匿,可抵而得。此谓抵巇之理。"意思是说,在谬误刚刚出现时,可以通过"抵"使其闭塞,可以通过"抵"使其停止,可以通过"抵"使其变小,可以通过"抵"使其消失,可以通过"抵"而夺取,为我所用,这就是"抵巇"的原理。

从中我们可以看出,其实鬼谷先生并不完全排斥谬误,在某些特定的场合中,谬误是可以被我们用来说服的。

战国后期,虽然当时秦国已经灭掉魏国,但是魏国的安陵君当时还占领着安陵,并没有臣服秦国。于是秦国想用"换地"的名义(其实就是"骗地")来占领安陵,安陵君识破秦国诡计,派唐雎(jū)出使秦国。秦王见到唐雎,说:"我拿方圆五百里的地方来换安陵这个小地方,这么划算的买卖安陵君竟然不做,你说他是不是傻?况且我大秦国已经灭掉了韩国和魏国,你小小的安陵君,占着弹丸之地,苟延残喘,寡人要想灭你们,那是分分钟的事。现在，我拿十倍的地来换，安陵君竟敢拒绝，你说他是不是欠打？"唐雎回答说："大王，你误会了。安陵是先王授予安陵君的封地。先王所赐，别说五百里，就是五千里，五万里，俺们也不敢换。"秦王大怒，说道："寡人很生气，后果很严重。信不信我杀了你？"唐雎说："我也很生气，后果很严重。信不信我现在削你？"说完，拔剑出鞘，要砍秦王。秦王吓坏了，连忙起身，跪地求饶："咱们都是读书人，有话好好说。不换就不换。"

在上面的场合中，秦王摆着"我是流氓我怕谁"的态势，就是要安陵这块地，你就算揭穿了谎言又能如何，我有的是兵，文的不行就来武的。根据前面我们讲的内容，说服必须满足对方的需求，可是秦王就是要这块地，但是我们又不能给，这就陷入了僵局，正常的说服方法显然是行不通的。因此，唐雎被逼无奈，只能借用"诉诸强力"的谬误，以此迫使秦王屈服。

战国时期，秦国想与赵国停战，以便攻打楚国，于是秦昭王约赵惠文王于渑（miǎn）池相见，互修友好。可是，赵惠文王慑于秦国的强大，一开始是拒绝的。但是，不去又显得赵国怯弱，被诸侯耻笑。赵惠文王迫于无奈，只得赴约，蔺（lìn）相如陪同赵惠文王一同前往。

且说赵惠文王一行人马到达了赵国边境，廉颇上前与赵惠文王诀别："大王此行，来回最多也不会超过三十天。如果三十天后，大王还没回来，请允许我们立太子为王，以绝秦国的妄想。"赵惠文王答应了他的请求。

渑池之会上，秦昭王酒兴正浓，对赵惠文王讲："寡人私底下听说赵王爱好音乐，请您弹奏一曲，以助雅兴！"赵惠文王也是耿直，想都没想，就弹奏起来……秦国的史官便上前写道："某年某月某日，秦王与赵王一起饮酒，令赵王弹瑟（一种乐器）"。蔺相如心中不悦，上前说道："赵王私下听说秦王也擅长秦地乐器，尤其是打击乐器，请您击缶（fǒu），以助酒兴。"秦昭王怒了，拒绝击缶。蔺相如说："五步之内，我蔺相如要把脖子里的血，溅在大王身上！"秦王的侍卫立刻想要上前击杀蔺相如。蔺相如金刚怒目，大喝一声，气场之强，使得众侍卫不由得往后退。

秦昭王迫于形势，只好象征性地敲了一下缶。蔺相如回头就让赵国史官写道："某年某月某日，秦王为赵王击缶。"直到酒宴结束，秦国始终也没有压倒赵国。赵惠文王归国以后，认为蔺相如功劳最大，封他为上卿（相当于宰相）。

在这个例子中，蔺相如巧妙地利用了秦昭王的心理，借助于"诉诸强力"的谬误，最终迫使秦昭王答应击缶。

纵观两例，他们都是在极为特殊的场合中使用了谬误。显然，在这种场合中，采取一般的说服手段，已经无法达成目的，但是由于肩负重任，此次说服只许成功，不许失败。那么在这种情况下，迫于形势，我们就只能使用谬误了。需要注意的是，就算使用，也要分清楚具体的情况。假如秦王周围高手林立，唐雎、蔺相如想要给秦王"暴力"，自己就先被"暴力"了。

所以，一切都要建立在深入了解具体情况的基础上。而谬误的使用，也只是在正常手段无法达成的情况下，才被我们所考虑。对于那些不讲理的人，显然讲理是没有用的，因此，我们只能采取不讲理的手段，即谬误的方式，来应对他们。